黑海战略

海尔如何构建平台生态系统

曹仰锋 著

中信出版集团 | 北京

图书在版编目（CIP）数据

黑海战略：海尔如何构建平台生态系统 / 曹仰锋著
. -- 北京：中信出版社, 2021.2（2025.11重印）
ISBN 978-7-5217-2639-8

Ⅰ. ①黑… Ⅱ. ①曹… Ⅲ. ①海尔集团公司—工业企业管理—物联网—研究 Ⅳ. ①F426.6

中国版本图书馆CIP数据核字(2021)第000134号

黑海战略——海尔如何构建平台生态系统

著　　者：曹仰锋
出版发行：中信出版集团股份有限公司
（北京市朝阳区东三环北路 27 号嘉铭中心　邮编　100020）
承 印 者：北京盛通印刷股份有限公司

开　　本：880mm × 1230mm　1/32　　印　　张：9.25　　字　　数：170千字
版　　次：2021年2月第1版　　印　　次：2025年11月第3次印刷
书　　号：ISBN 978-7-5217-2639-8
定　　价：68.00元

目录

第4章 海创汇：全球创业者的“加速器平台”

第5章 体验云平台：为用户创造场景价值

第6章 HOPE：开放式创新平台

推荐序一

知识与创新是推动变革的根本动力

蔡洪滨

香港大学经济及工商管理学院院长

如今，世界各地的企业正在面临前所未有的巨大挑战。新冠病毒在全球肆虐和各国之间的贸易纷争，不仅让全球的经济发展陷入了极其困难的境地，更是加剧了逆全球化的趋势，反全球化趋势在全世界愈演愈烈。这些危机叠加在一起让不少企业陷入了增长困境。同时，产业互联网、5G（第五代移动通信技术）、人工智能、区块链等新兴技术的广泛应用也正在重塑传统的产业结构，重塑传统的商业模式。面对这些技术带来的极大冲击，传统的发展模式已经难以为继，企业战略转型与组织变革刻不容缓。总之，企业正在面临持续增长与战略转型的双重压力。

长期以来，我一直认为知识与创新是促进企业进行战略转型与组织变革，推动企业可持续增长的根本动力。我非常认同著名经济学家、2018年诺贝尔经济学奖得主保罗·罗默教授的观点，他认为经济增长主要来自企业的创新和不断产生的新创意，培养想象力和创造力是促进企业内生增长的根本因素。

为了应对来自增长与转型的双重挑战，领导者们需要把构建“知识型创新驱动式企业”视为核心战略，这一战略的核心目的就是激发企业的组织智慧和创新活力，从而让企业在动荡的环境中获得持续竞争优势。

毋庸置疑，海尔集团是“知识型创新驱动式企业”的典型代表。自 1984 年以来，张瑞敏先生推动海尔进行持续创新，构建知识型企业，经过 30 多年的创新与变革，海尔已经从一家传统的家电制造企业转型为智慧生活平台生态型企业。

和许多变革型企业不同的是，海尔在自身变革的同时，也创造了许多管理新知识，在管理理论上实现了重大突破和创新。比如，张瑞敏先生基于海尔自身变革实践所提出的“人单合一”管理模式，在国际上受到了学术界、企业界的广泛关注，这种模式已经成为物联网时代管理模式的新范式，为管理学的发展贡献了新的知识。

曹仰锋博士已经持续跟踪研究海尔 14 年，多年的近距离观察和深入研究，使他对海尔的转型与变革有着深刻而独到的洞察。仰锋博士即将付梓的《黑海战略——海尔如何构建平台生态系统》这本书全面展示了海尔在物联网时代所进行的转型与变革实践，解释了黑海战略的起源，剖析了黑海战略的本质，通过翔实的案例，分析了海尔在推进黑海战略过程中所遇到的障碍以及采取的措施，并对其他企业如何实施黑海战略提出了具体的建议。

黑海战略是海尔在转型与变革中创造的新知识，张瑞敏将这一战略模式的核心目的概括为“构建以增值分享为核心机制，由生态伙伴共同进化的商业生态系统”。从中可以看出，海尔黑海战略的本质是生态战略，即构建生生不息的商业生态系统。

在所有的管理创新中，我认为制度创新是释放员工活力和组织能力的关键。海尔的黑海战略不仅仅是一套新的战略模式，而且有一套完整的制度体系来保证战略的实施和落地。在这本书中，曹仰锋博士从战略目的、战略本质和战略能力三个方面对红海战略、蓝海战略和黑海战略进行了综合对比，给读者朋友们展示了黑海战略的战略思维，同时，还全面地解释了黑海战略的核心机制、工具和方法，从制度层面帮助读者朋友们来借鉴和实施黑海战略。

海尔创新与变革的脚步从未停止，借助黑海战略，海尔开启了第六次战略变革，相应地，海尔在战略上从产品战略、平台战略升级为生态战略，在管理上从传统的科层制模式升级为生态管理模式，这正是海尔第六次战略变革的核心主题。张瑞敏深刻地意识到，知识是创造价值的核心动力，任何一家企业要想持续创造价值，就需要构建知识体系和创新体系，因为，员工的生产力和创造力是一家企业创新力的唯一来源。

当前，“互联网 +”正在加速与产业的融合，数字经济已成为中国经济发展的新动力。随着数字经济结构持续优化升级，产业数字化在数字经济中的比重将越来越大，而产业互联网作为产业数字化的核心主体将成为数字经济时代的新引擎。在这样的时代大背景下，海尔所践行的黑海战略对传统企业转型升级具有极大的参考价值。

我真诚地向读者朋友们推荐曹仰锋博士的这本新作，也祝愿广大的企业能够在大变局时代，通过持续地转型与变革，打造知识型创新驱动式企业，唯有如此，企业才能在万物互联时代制胜未来。

推荐序二

变革中的企业家精神

张志学

北京大学光华管理学院组织与战略管理系教授

管理创新交叉学科平台召集人

对任何企业而言，要想获得持续的增长，就需要不断地创新与变革，从而让企业能够在动荡的环境中保持持续的竞争优势。毋庸置疑，企业家是推动企业持续变革的重要力量，企业家所具备的企业家精神是确保企业顺利发展和成功变革最为稀缺的“资产”。

企业家不同于商人，企业家以奋斗精神为终生习惯，不断地追求本领域的精进和创新，而商人则注重当下利益，通过发现机会、利用并组合资源去获得商业的成功。企业家和商人另一个不同在于，企业家勇于挑战自我，永远不会满足现状。这就像彼得·德鲁克所言：“企业家就是那些愿意过不舒服的日子，或者不愿意过舒服日子的人。”

在中国，海尔集团董事局主席张瑞敏先生无疑是追求创新的企业家的典范。他从 1984 年开始带领海尔持续进行创新与变革，始终对企业发展的外部环境保持着警惕。“战战兢兢、如履薄冰”不仅仅是他的座右铭，也是他的企业家精神的真实写照。

在海尔的组织变革历史上，一共有六个不同的战略阶段，每个阶段约历时 7 年时间，并且都有鲜明、独特、个性化的变革主题。

前五次战略主题包括名牌战略、多元化发展战略、国际化战略、全球化品牌战略、网络化战略，如今，海尔已经正式进入第六个战略阶段，主题是：生态品牌战略。

海尔创新与变革的案例吸引了许多管理学者的关注，包括哈佛商学院、沃顿商学院、北大光华管理学院等在内的国内外顶级商学院都开发了关于海尔变革的教学案例。曹仰锋博士是少数持续十多年跟踪研究海尔变革的管理学者之一，他目前在北大光华管理学院任管理实践教授，已经出版了《海尔转型——人人都是CEO》一书，聚焦海尔的“人单合一”管理模式和组织变革。这本即将付梓的《黑海战略——海尔如何构建平台生态系统》是上一本书的姐妹篇，主要聚焦海尔最新的战略转型实践，包括海尔如何践行黑海战略，如何构建商业生态系统，如何塑造生态品牌。

许多管理者对红海战略和蓝海战略可能比较熟悉，但对黑海战略可能比较陌生。曹仰锋博士首先在书中对比了三种战略模式的不同，其中红海战略和蓝海战略的共同点是聚焦于产品品牌，黑海战略则不同，它超越了产品品牌的竞争层次，核心目的是塑造生态品牌，构建商业生态系统，简而言之，黑海战略是海尔在物联网时代对战略模式的最新探索。张瑞敏认为，物联网会重新定义企业的边界和成长模式，产品会被场景替代，行业会被生态覆盖。基于以上的战略认知，张瑞敏将黑海战略的使命浓缩为：构建物联网生态品牌。

从这本书的内容来看，海尔实施的黑海战略并不排斥蓝海战略，而是与蓝海战略相辅相成、相互融合。正如作者在书中所言，两种战略模式关注的焦点不同，蓝海战略关注的是战略行动，目的是塑造高端（产品）品牌的竞争优势；黑海战略关注的是公司的整体战略，目的是构建高端（产品）品牌、场景品牌和生态品牌三位一体的品牌体系。

应当说，黑海战略是海尔集团应对物联网时代的挑战所进行的最新战略变革实践。我们不仅需要学习黑海战略背后的战略逻辑，更需要学习海尔领导者所具备的企业家精神。这家全球化的企业从创立到现在，变革的脚步从未停止。我认为，海尔持续变革的主要推动力就是公司变革者的企业家精神。那么，如何理解企业家精神呢？

首先，企业家精神体现的是长期主义。

变革是面向未来的，唯有坚持长期主义，才能深远布局，着力打造组织能力，推动企业走向卓越。变革是艰难的，变革者既要克服各种外在的困难和障碍，又要坚毅地朝自己认为正确的目标迈进，不管外界如何评论和行动。

我发现，卓越的企业家都善于审时度势，将天时地利人和所造就的优势综合起来，成就变革大业。而在变革的过程中，企业家精神所体现的敏锐、勇气、执着、探索等特质，使得企业家从一般的领导者中脱颖而出，也正是这些特质使得企业家的成功具有必然性，表现为跨周期、跨时间的成功。

其次，企业家精神体现的是成就动机。

尽管企业家精神被很多人定义和谈论，我一直将个人的成就动机作为企业家精神的核心要素。所谓成就动机，就是个人为自己设立卓越的标准，并为达到该标准不断努力；而一旦达到标准，个人又设立更高的标准，持续奋斗。成就动机的最高水平表现为，为了获得成功，不计个人得失，敢于冒险，又能够充分调用已有资源，并发挥个人能力和专长将变革的风险控制在中等水平。

成就动机在企业家身上就表现为企业家精神，那是一种经过事先评估，确定具有挑战性的目标，之后调动个人心力和各种资源为之奋斗的历程。这种精神始终体现在张瑞敏身上，正如他对自己的定位：永远做一个自以为非的变革者。张瑞敏常常说："我的座右铭是认识自己，就是每天从零开始，自以为非。"

最后，企业家精神中蕴含着超强的意志。

企业家的卓越在于他们的精神和意志。许多企业变革之所以不能成功，是因为企业没有将变革作为一项系统工程来看待。变革不仅要求有清晰的战略转型方向，也需要组织拥有真正具备变革精神的人，更需要强大的组织能力来支撑，真正的变革需要战略、组织、机制和人才的有机协同。从这本书中的内容来看，海尔正是因为建立了组织、机制和人才三位一体的协同机制，才使得黑海战略得以实施。

对任何企业家而言，推动组织进行战略转型和组织变革都是极为艰难的任务，这需要企业家有自我牺牲精神和奉献精神。正如稻盛和夫所言，"如果你真想把公司搞好，让员工自豪，让员工感觉到工作的喜悦，那么你就要把全部心血倾注在事业上，并做出自我牺牲，为员工的幸福和公司的发展殚精竭虑。没有这样的奉献精神，就不要当经营者"。

张瑞敏先生是一位具有奉献精神的实业家，我始终认为实业是靠科学和系统的实践而非一时聪明做起来的。管理也是有规律可循的，但需要用心的人去发现和总结这些规律。仰锋博士的这本书不仅剖析了海尔变革的规律，也展示了海尔变革中所体现出来的企业家精神，我相信这本书一定会给企业家们推动变革与转型带来莫大的帮助。

前言

变革：探索与创造的艺术

变革是持续探索与创造的过程，只有身处其中的人才能体会到变革的艰难。毫无疑问，唯有变革与创新才能让企业应对日益严峻的挑战。

物联网技术的快速发展对传统企业的战略模式、组织模式带来了巨大的挑战，也给许多积极拥抱物联网经济的企业带来了新的增长机遇。2020 年 9 月 20 日，在第四届人单合一国际论坛上，全球知名的品牌战略咨询机构凯度咨询联合牛津大学赛德商学院、海尔集团共同发布了《物联网生态品牌白皮书》（以下简称《白皮书》）。《白皮书》指出，物联网时代的三大时代特征是：万物互联、用户中心和数据驱动。物联网将实体世界的每一缕脉动都连接到网络上，打造了一个虚拟（信息、数据、流程）和实体（人、机器、商品）之间相互映射、紧密耦合的系统；数据已经成为驱动经济增长的“新石油”，是一种新的战略资产；“以用户体验为中心”将成为现实，物联网时代的智能工厂可以通过柔性生产线、透明供应链等模式，快速满足用户不断迭代的定制化需求。《白皮书》预测，全球物联网收入将由 2019 年的 3 430 亿美元（约合人民币 2.4 万亿）增长到 2025 年的 1.1 万亿美元（约合人民币 7.7 万亿）。

海尔集团董事局主席兼首席执行官张瑞敏认为，在物联网时代，企业要么转型为生态品牌的引领者，要么成为生态品牌的合作方。企业之间的竞争模式也将升级，从企业之间的竞争、产业链之间的竞争，升级为商业生态系统之间的竞争。简而言之，未来的企业只有两种命运：要么生态化，要么被生态化。

没有成功的企业，只有时代的企业。同样，没有成功的管理模式，只有时代的管理模式。所有的管理模式，都有它的时代性。当下，企业正处在物联网技术革命和第四次管理革命相互叠加的时代大背景下，再加上新冠疫情、贸易摩擦、地缘政治等对全球经济带来的影响与冲击，企业经营所面临的挑战前所未有。许多企业都需要重新“定向”，找到发展的方向，并在此基础上重塑组织模式和激励模式，否则，就无法在物联网时代获得竞争优势，无法提高组织的战略韧性。

海尔坚定地选择了向生态企业转型。2019 年 12 月 26 日，张瑞敏在海尔 35 周年创业纪念日活动中，正式对外发布海尔进入第六个战略阶段：生态品牌战略。在张瑞敏看来，生态品牌是产品品牌、平台品牌的升级，相应地，企业需要在战略上从产品战略、平台战略升级为生态战略，在管理上从传统的科层制模式升级为生态管理模式，这正是海尔第六次战略变革的核心主题。

从 2020 年开始，海尔加快了向生态型企业转型的步伐，并将未来 7 年的战略定位聚焦于“创建物联网生态品牌”。2020 年 3 月 27 日，在海尔集团第 13 周的周五“日清会”上，张瑞敏将海尔的生态战略凝练为“黑海战略”，并指出海尔黑海战略的最终目的是“构建以增值分享为核心机制，由生态伙伴共同进化的商业生态系统”。

由海尔所提出的黑海战略，很容易让我们联想到红海战略、蓝海战略，三者在本质上有很大的不同。红海战略和蓝海战略，它们的共同点是聚焦于“产品品牌”。当然，这两种战略模式创造产品品牌的策略不同，前者在红海中通过打败竞争对手保持产品品牌的竞争优势，后者则另辟蹊径，开辟新的市场空间，通过创造新的市场需求塑造产品品牌。黑海战略则不同，它超越了产品品牌的竞争层次，核心目的是塑造生态品牌，构建商业生态系统。

因此，从战略本质上看，红海战略聚焦于“价值竞争”，其战略逻辑是企业需要在成本和差异化价值之间进行取舍。采取红海战略模式的企业认为，企业要么以较高成本为顾客创造更高的差异化价值，要么用较低成本为顾客创造较低的差异化价值，不可能同时追求差异化价值与低成本。与之相反，蓝海战略强调价值创新，其战略逻辑是同时追求差异化价值与低成本，从而为顾客带来更高的效用价值。更高的效用价值可以支撑更高的产品价格，进而让企业获得更加丰厚的利润。和蓝海战略不同，黑海战略在本质上聚焦于价值共生，这是一种生态战略思维，它关注的是企业如何通过生态伙伴共同为用户创造价值。

我认为，黑海战略并不排斥蓝海战略，而是与蓝海战略相辅相成、相互融合，两种战略模式关注的焦点也不同。黑海战略关注的是公司的整体战略，目的是构建“高端（产品）品牌、场景品牌和生态品牌三位一体的品牌体系”；蓝海战略关注的是战略行动，目的是塑造产品品牌的竞争优势。

尽管海尔在 2019 年、2020 年才正式提出生态战略和黑海战略，但其对构建商业生态系统的探索起源于 2013 年，当时，海尔已经敏锐地感知到物联网对企业传统发展模式带来的冲击，并将“网络化战略”确定为第五次战略变革的主题，从2013年到2019年，海尔在战略定位上逐步从产品型企业向生态型企业转型，其目的是构建生生不息的平台生态系统。

我在研究海尔战略变革的历程时发现，海尔实施生态战略的起源其实可以追溯到2000年。我将2000年视为海尔拥抱互联网，开启变革的起始之年。当年1月27日至2月1日，第三十届“世界经济论坛”年会（又称达沃斯论坛）在瑞士达沃斯召开，大会就“新经济”展开讨论，张瑞敏应邀参加并在会上做了演讲。从瑞士达沃斯回到青岛后，2月16日，张瑞敏发表了《“新经济”之我见》一文，他在文章中将新经济定义为“以数码知识、网络技术为基础，以创新为核心，由新科技所驱动可持续发展的经济”，并前瞻性地指出“新经济将关系到企业存亡，国家兴衰”。

当时，张瑞敏思考的问题是：如何让海尔能够继续在新经济时代生存下去？他在文中给出了自己思考的答案：“对海尔而言，要以对全球用户的忠诚度换取全球的知名品牌，争取新经济时代的生存权。创新是新经济的核心。充分利用了网络技术的企业会比过去跑得更快，但要比对手跑得更快，则必须创新。……首先是观念的创新。为什么？本届大会的格言是最好的诠释——‘让我们战胜满足感’。网络使你无法自满，它使距离消亡到零，传统的连续性被打破及传统结构消亡。不能更新观念，无异于自我抛弃。……人，是保证创新的决定性因素。人人都应成为创新的主体。”

在我看来，《“新经济”之我见》一文就像是海尔开启向互联网企业变革，向平台生态企业转型的一份宣言，它前瞻性地将变革的主体聚焦于“人”，将变革的手段聚焦于“创新”，将变革的动力聚焦于“战胜满足感”。从2000年开始，海尔进入了向互联网企业变革的酝酿期和准备期，并在接下来的若干年开始了一系列的模式重塑、组织重组和流程再造。

从2000年到2020年，全球家电产业的环境与格局发生了巨变，海尔在动荡的环境中取得了卓越的成绩，连续11年稳居欧睿国际世界家电第一品牌，连续两年作为全球唯一物联网生态品牌蝉联BrandZ最具价值全球品牌100强。海尔集团总裁周云杰认为，正是“技术黑科技”和“管理黑科技”的有效融合给海尔带来了竞争优势。在物联网时代，企业在面对不确定性时，要有顽强的意志力让自己活下来，坚持到最后。同时，企业要顺应时代，进行数字化的重生，形成有技术黑科技和管理黑科技支撑的企业黑海战略，穿越危机，实现持续增长。

从2000年到2020年，海尔的战略转型与组织变革无疑取得了卓越的成就，实现了“在发展中转型，在转型中发展”。在营业收入上，从2000年的406亿元增长至2019年的2 900亿元，增长率达到了614%；在全球业务上，海尔业务遍布全球160个国家和地区，服务全球超过10亿用户家庭，拥有海尔、卡萨帝、统帅、美国GE Appliances、新西兰Fisher & Paykel、日本AQUA、意大利Candy、卡奥斯COSMOPlat、日日顺、盈康一生等众多生态品牌和新物种。

我于2006年进入海尔，开始了对海尔变革的近距离观察、调研、学习和研究。从2006年到2020年，在过去的14年中，海尔集团对我的研究给予了极大的帮助和支持，我不仅有幸多次深入访谈海尔董事局主席张瑞敏、总裁周云杰、执行总裁梁海山、执行副总裁谭丽霞，还访谈和调研了其他10多位企业高管、数十个小微企业的负责人，他们都毫无保留地给我提供了宝贵的一手资料，分享了他们对海尔变革的亲身感受。

我于 2014 年在中信出版社出版了《海尔转型——人人都是 CEO》一书，并于 2017 年出版了该书的修订版。即将与读者朋友们见面的这本《黑海战略——海尔如何构建平台生态系统》是它的姐妹篇。《海尔转型》聚焦于海尔自 2005 年至 2015 年所进行的管理变革，重点内容是海尔的人单合一管理模式，研究海尔如何让每个人都成为自己的 CEO；本书则聚焦于海尔自 2016 年以来的生态战略、最新案例与管理工具，研究海尔如何构建生生不息的商业生态系统。

本书主要回答了以下核心问题：什么是黑海战略的本质和原则？海尔如何实施黑海战略，它开发了哪些工具和机制？它需要什么样的组织模式和平台能力来作为支撑？为什么黑海战略是物联网时代战略的新模式？其他企业如何借鉴海尔的经验去实施黑海战略？

本书共包括 12 章，主要内容如下：

在第 1 章，我解释了什么是黑海战略，海尔为什么会实施黑海战略，这一战略模式的本质是什么，它与大家熟知的蓝海战略有什么不同。黑海战略的最终目的是构建以增值分享为核心机制，由生态伙伴共同进化的商业生态系统；平台赋能是黑海战略的基石；价值共生是黑海战略的本质。

如果把战略比喻成做正确的事情，那么，能力则是把事情做正确，只有动态地平衡两者的关系，企业才能够把战略落地。我在第 2 章聚焦于海尔如何通过平台赋能来构建黑海生态系统，如何将宏大的战略变成现实，以及如何实现战略与能力的动态平衡。我发现，平台组织和平台能力是黑海战略的两翼，共同为企业实施黑海战略提供了组织和能力的保障。在第2章，我重点展示了海尔平台赋能体系的整体结构，它包括三大部分：敏捷前台、共享中台和基础后台。

第3章聚焦于以下三个问题：为什么企业越来越难以敏捷地应对不确定性的环境？为什么企业越来越难以对用户的需求变革做出快速的反应？为什么企业在快速变化的竞争中越来越缺乏创造性？基于以上问题，我解释了海尔的敏捷前台。在海尔所构建的生态系统中，直接面向用户、为用户直接创造价值的，是创客、小微企业以及它们所形成的小微链群，它们共同构成了海尔平台结构的敏捷前台。敏捷前台以用户为中心，以为用户持续创造价值为核心使命，形成了快速识别用户需求、满足用户体验的价值网络。

一个商业生态系统的繁荣和兴盛，与生态系统中合作伙伴产生的新创意和创业活力有关，这种创新精神和创业活力可能被制度激发或增强，也可能被约束或削弱，而仅仅依赖制度是不能创造活力的，大众的创新精神和创业活力还要由正确的价值观来激发，并提供相应的赋能支持。为了提高创业公司的成功概率，海尔成立了自己的孵化器：海创汇。海创汇的战略定位是：全球创业者的加速器平台，其本质是海尔生态系统中的创业平台，以“产业＋导师＋资本”的模式赋能创业企业。第4章聚焦于为什么海创汇的孵化成功概率相对较高，它在海尔的生态系统中扮演什么角色，并解释了海创汇的战略演变、战略定位和赋能模式。

在海尔的黑海战略模式中，体现了三个经济特征：第一个是社群经济，第二个是体验经济，第三是共享经济。多年以来，海尔不断推动基于用户体验的大规模定制模式，为了提升用户体验，海尔在价值创造方式上不断探索从产品价值转型为场景价值。第 5 章聚焦于海尔智家的体验云平台，它是实现黑海战略的核心“驱动轮”，聚焦于场景价值。

第 6 章聚焦于海尔的开放式创新平台。从 2009 年开始，海尔开始打造开放式创新系统，如今已经逐步升级成为开放式创新生态系统。在黑海战略的指引下，海尔的战略目的是依托 HOPE（Haier Open Partnership Ecosystem）平台在全球范围内快速整合技术和知识，并赋能产业小微、生态小微，从而构建共创、共享、共赢的创新生态。本章内容包括 HOPE 平台的价值定位和战略演进，以及 HOPE 平台如何进行价值创造。

在第 7 章，我首先解释了海尔大共享平台的核心功能，以及它如何赋能小微企业，然后剖析了海尔为什么要建设大共享平台，它是如何演变发展的。最后，我分析了其他企业能够从海尔的大共享平台案例中借鉴什么。

驱动海尔实现增长的两个新引擎是体验云平台和卡奥斯平台，前者聚焦于场景，后者聚焦于生态。第 8 章聚焦于卡奥斯工业互联网平台的能力与结构，它是海尔集团在物联网时代的重要战略布局，海尔将其定位成“用户全流程参与体验的大规模定制平台”。我认为，卡奥斯是海尔万联生态系统中的基石平台，它围绕用户需求构建生态系统，赋能每个行业的企业进行数字化转型，助力海尔从产品企业转型为生态企业。

第 9 章聚焦于人单合一管理模式，这一模式的核心目的就是通过设计公平的机制，赋予每一个人平等的机会，让每个人成就自我。经历过十多年的创新与迭代，如今，人单合一模式已经成为海尔实施黑海战略的核心动力机制，它也是践行黑海战略的“管理芯片”。那么，到底什么是人单合一模式？它的核心机制是什么？它为什么能够助力海尔构建生生不息的平台生态系统？它如何解决机制设计中的公平与平等？探寻以上这些问题的答案，正是第9章的目的。

我认为管理模式是一个包含管理工具、管理方法论和管理哲学的管理系统，如果不具备这三个要素，充其量只是管理概念而不是管理模式。第10章，我介绍了人单合一模式中的核心工具和核心机制，其中核心方法论是“人单合一计分卡”，核心工具是“共赢增值表”，核心机制是“用户付薪”，简称“一卡一表一薪”。

在物联网催生的数字经济大背景下，企业要么转型为生态品牌的引领者，要么成为生态品牌的合作方。问题是，其他企业如何借鉴和实施黑海战略呢？是不是只有像海尔这样的大型企业才有能力和资源实施黑海战略呢？实施黑海战略有哪些战略措施和路径？可以肯定的是，并非只有大型企业才有能力实施黑海战略，它也不是大型企业的专属战略，大量的中小企业依然可以借鉴并实施黑海战略。在11章，我先以海尔生物为案例，剖析这家企业如何从硬件企业转型为生态企业，并据此提出企业实施黑海战略的具体措施。

越来越多的领导者意识到，我们正处在管理的大变局时代，我们需要新的战略思维重新审视企业的发展策略和运营模式。从2001年到2020年，我们已经看到消费互联网对传统企业管理模式带来的深刻影响，未来的20至30年，产业互联网将是发展的新引擎，它将推动企业的管理模式和运营模式发生巨变。可以预见，我们将会进入一个数字化、智能化、平台化和生态化的管理新时代。在12章，我向读者朋友们介绍了其他领先企业实施黑海战略的实践，并提出在管理的新时代需要管理的新规则。这些新规则包括新战略、新组织和新激励。

我将变革视为一门艺术，它是组织创新与技术创新的融合。我非常认同张瑞敏的观点，人的价值最大化是变革之钥，组织创新是一切创新中的元创新，因为人是唯一能使资产增值的因素。

身处管理的新时代，每一个领导者都需要面对现实，思考如何获得新时代下的生存权和发展权，但客观事实不会自己站出来向人们透露它的秘密。正如《领导力与新科学》一书的作者玛格丽特·惠特利所言，关于现实的真谛，不存在处方或规则，也没有核对清单或专家建议。对我们来说，所有的事情都是全新的、不同的、独一无二的。我们必须相互合作，通过实验和行动找出究竟什么是适合我们的。

这让我想起了《爱丽丝镜中奇遇记》中的一句话："现在，你明白了吧，想要待在原地，你就必须竭尽全力地奔跑。"

在管理的新世界里开始奔跑，首先需要我们有勇气向旧管理说再见，否则，我们不仅不能待在原地，还会被时代抛弃。组织中出现的问题，是由组织中的人导致的。解铃还须系铃人，解决组织的问题，需要重新认知人与组织的关系，需要从每个人做起。在瞬息万变的动荡环境里，"预测远没有行动重要"。

让我们一起行动起来，相互合作，共同探索，共同创造。

感谢海尔集团各相关领域主、行业主、平台主以及小微主参与调研和访谈，感谢他们所提供的宝贵经验和贡献的变革智慧。

感谢香港大学经济及工商管理学院院长蔡洪滨教授、北京大学光华管理学院张志学教授在百忙中为本书作序。

感谢中信出版社沈家乐、宋冬雪为出版本书所付出的努力。

最后，感谢我的太太和女儿长期以来对我研究和写作的支持。

曹仰锋

2021 年 1 月 18 日

第1章

什么是黑海战略？

技术创新在导致企业获得成功方面只发挥了很小的一部分作用。治理结构、商业模式、人才管理等都是对技术创新的必要补充，技术本身只是带来一种可能性，并不会必然导致成功。

——2016 年诺贝尔经济学奖获得者 本特 · 霍姆斯特朗

从“蓝海战略”到“黑海战略”

2020 年 6 月 30 日，BrandZ 最具价值全球品牌 100 强榜单发布。在这份榜单上，美国企业占据了半壁江山，其中，亚马逊位列第一，苹果、微软、谷歌分列 2~4 位。中国企业的数量在榜单上排名第二，共有 17 个中国品牌入选，其中海尔连续两年作为全球唯一“物联网生态品牌”上榜，品牌价值排名从 2019 年的第 89 位上升到第 68 位，跃升了 21 位，品牌价值达到 187 亿美元（约 1 293 亿元人民币）。[1]

物联网生态品牌是 BrandZ 在 2019 年评选最具价值全球品牌时第一次使用的品牌分类名称，目前仅有海尔入选，这也从一个侧面表明海尔集团正在全球引领物联网生态品牌的发展。自 2013 年以来，伴随着物联网技术对商业模式和管理模式的不断重塑，“创建物联网时代管理的新模式”成为海尔集团管理探索与战略变革的核心主线。2019 年 12 月 26 日，海尔集团董事局主席张瑞敏在海尔 35 周年创业纪念日活动上，正式对外发布海尔进入第六个战略阶段——生态品牌战略，并详细解释了生态品牌战略的内涵。

> BrandZ 把我们评为全球唯一一个，也是第一个物联网生态品牌。工业革命以来的品牌大概分为三类：第一类是产品品牌，它以产品溢价为主。第二类是平台品牌，它以移动互联网的流量溢价为主。无论是产品溢价的产品品牌，还是流量溢价的平台品牌，它们有一个共同的问题，只有交易的顾客，没有交互的用户。我们的生态品牌是第三类，和前两者有本质的不同，生态品牌以体验溢价为主。如果说没有移动互联网就没有电商，那么没有物联网就没有场景生态。[2]

在张瑞敏看来，生态品牌是产品品牌、平台品牌的升级。相应地，企业需要在战略上从产品战略、平台战略升级为生态战略，在管理上从传统的科层制模式升级为生态管理模式，这正是海尔第六次战略变革的核心主题。

在《海尔转型——人人都是 CEO》一书中，我详细回顾了海尔自 1984 年以来的战略变革。在其近 40 年的变革历程中有六个不同的战略阶段，每个变革阶段历时约 7 年，每一个战略阶段都有鲜明、独特的变革主题。它们分别是：名牌战略（1984—1991）、多元化发展战略（1991—1998）、国际化战略（1998—2005）、全球化品牌战略（2005—2012）、网络化战略（2012—2019）和生态品牌战略（2019—）。[3]

海尔在 2019 年才正式对外发布生态品牌战略，但其对构建商业生态系统的探索起源于 2013 年。当时，海尔已经敏锐地感知到物联网对企业传统发展模式带来的冲击，并将“网络化战略”确定为第五次战略变革的主题。从 2013 年到 2019 年，海尔在战略定位上逐步从产品型企业向生态型企业转型，其目的是构建生生不息的平台生态系统。

经过 7 年的艰难转型，海尔的网络化战略取得了丰硕的成果。海尔集团逐步形成了五大产业平台：海尔智家（智慧家庭平台）、卡奥斯（工业互联网平台）、海创汇（创业孵化平台）、盈康一生（健康产业平台）和海纳云（智慧社区产业平台）。这五大产业平台都将物联网技术嵌入其商业模式之中。同时，海尔集团的组织演变成“小前台、大中台、强后台”的平台型组织结构，构建了多个平台来赋能小微企业为用户持续创造价值，形成了“平台 + 小微企业”的生态模式。目前，有超过 4 000 家小微企业在海尔的商业生态系统中栖息、生存和发展。

从 2020 年开始，海尔加快了向生态型企业转型的步伐，并将未来 7 年的战略定位聚焦于创建物联网生态品牌。当年 3 月 27 日，在海尔集团第 13 周的周五“日清会”上，张瑞敏将海尔的生态战略凝练为“黑海战略”，并指出海尔黑海战略的最终目的是构建以增值分享为核心机制，由生态伙伴共同进化的商业生态系统。

那么，到底什么是黑海战略？这一战略的本质和原则是什么？海尔如何实施黑海战略？它需要什么样的组织模式和平台能力来支撑？为什么黑海战略是物联网时代战略的新模式？其他企业如何借鉴海尔的经验去实施黑海战略？探寻以上这些问题的答案，正是我写作本书的初衷。

要想深刻理解黑海战略的本质和内涵，我们需要对比红海战略和蓝海战略。在表 1-1 中，我从战略目的、战略本质和战略能力三个方面对红海战略、蓝海战略和黑海战略进行了综合对比。

表1-1 红海、蓝海、黑海战略的比较

维度	红海战略	蓝海战略	黑海战略
战略目的	关注公司战略行动，打败竞争对手，塑造产品品牌	关注公司战略行动，甩脱现有竞争，塑造产品品牌	关注公司整体战略，构建商业生态系统，塑造产品品牌、场景品牌和生态品牌
战略本质	聚焦于价值竞争，在现有产品市场空间竞争，在差异化价值与成本之间权衡	聚焦于价值创新，开创产品的新市场空间，打破差异化价值与成本之间的权衡取舍	聚焦于价值共生，基于用户场景提供体验价值，构建价值共创网络
战略能力	塑造价值实现能力，基于成本领先或差异化领先战略，匹配公司内部相应的战略行动和资源	塑造价值实现能力，平衡成本领先和差异化领先战略，匹配公司内部相应的战略行动和资源	塑造平台赋能能力，连接生态伙伴和生态资源，赋能小微企业创造价值

下面，让我们从战略目的这个维度开始，逐一探索黑海战略的本质以及它与蓝海战略、红海战略的不同。

“生态品牌”：黑海战略的目的

在《蓝海战略》一书中，W. 钱·金和勒妮·莫博涅用“红海”来形容现存的产业，代表已知的市场空间。在红海中，每个产业的界限都非常清晰，且被人们普遍接受，竞争规则也为人们所熟知。实施红海战略的企业，其战略目的是通过打败竞争对手获得市场竞争优势，以攫取更大的市场份额，从而让自己在残酷的竞争中生存下来。

> 在红海里，企业试图击败对手，以攫取更大的市场份额。随着市场空间越来越拥挤，利润和增长的前途也就越来越暗淡。产品成了货品（commodities），残酷的竞争也让红海变得“鲜血淋漓”。[4]

如果有选择，没有管理者愿意在红海中与竞争对手展开你死我活的残酷竞争。W. 钱 · 金和勒妮 · 莫博涅发现了管理者的痛点，创新性地提出了“蓝海战略”这一新的概念，其中“蓝海”代表目前还不存在的产业，指的是未知的市场空间。采取蓝海战略的企业，其战略目的是甩脱现有的竞争，开辟新的市场空间，从而避开过度的竞争。两位作者生动地描绘了一幅诱人的“蓝海景象”，让深陷红海的管理者们看到了希望。

> 蓝海代表亟待开发的市场空间，代表创造新需求，代表高利润增长的机会……企业要超越竞争（红海）这一境界，必须开创蓝海，以抓住新的利润和增长的契机。[5]

不管是红海战略，还是蓝海战略，它们的共同点是聚焦于产品品牌。当然，这两种战略模式创造产品品牌的策略不同，前者在红海中通过打败竞争对手保持产品品牌的竞争优势，后者则另辟蹊径，开辟新的市场空间，通过创造新的市场需求塑造产品品牌。

黑海战略则不同，它超越了产品品牌的竞争层次，其核心目的是塑造生态品牌，构建商业生态系统。在张瑞敏看来，物联网会重新定义企业的边界和成长模式，构建或者融入商业生态系统是所有企业战略转型的必然趋势。

> 在物联网时代，企业不应再是有围墙的花园，而应该是一片热带雨林。热带雨林不会死亡，是因为它是一个生态系统，自己能够繁衍出新的物种而生生不息。[6]

物联网到底会如何重新定义企业的成长模式？张瑞敏给出的答案是：产品会被场景替代，行业会被生态覆盖。基于以上的战略认知，张瑞敏将黑海战略的使命浓缩为：构建高端（产品）品牌、场景品牌和生态品牌三位一体的品牌体系。

从海尔黑海战略的描述来看，这一战略模式并不排斥蓝海战略，而是与蓝海战略相辅相成、相互融合。两种战略模式关注的焦点不同。黑海战略关注的是公司的整体战略，目的是构建高端（产品）品牌、场景品牌和生态品牌三位一体的品牌体系；蓝海战略关注的是战略行动，目的是塑造高端（产品）品牌的竞争优势。

“价值共生”：黑海战略的本质

从战略本质上来看，红海战略聚焦于价值竞争，其战略逻辑是企业需要在成本和差异化价值之间进行取舍。采用红海战略模式的企业认为，企业要么以较高成本为顾客创造更高的差异化价值，要么用较低成本为顾客创造较低的差异化价值，企业不可能同时追求差异化价值与低成本。

与之相反，蓝海战略强调价值创新，其战略逻辑是同时追求差异化价值与低成本，从而为顾客带来更高的效用价值。更高的效用价值可以支撑更高的产品价格，进而让企业获得更加丰厚的利润。

W. 钱 · 金和勒妮 · 莫博涅将价值创新视为蓝海战略的基石，但是企业进行价值创新并不容易，只有当企业的战略行动对自身的成本结构和顾客的效用价值都产生积极影响时，价值创新才能够实现。换言之，只有当企业在降低成本的同时还能够增加顾客购买的效用价值，才能实现价值创新。

这两位蓝海战略的合作者以太阳马戏团为例解释了价值创新的四个战略行动：剔除、减少、增加和创造。在传统的马戏团表演中，主要顾客是儿童，动物表演秀、表演明星和多台表演都是重要的元素，这些元素给传统马戏团带来了高昂的成本。太阳马戏团一反常规，开辟了新的市场，将成年人和商务人士确定为核心顾客，打破了戏剧和马戏的市场界限，剔除了以上三种高成本元素，减少了一些刺激和危险的表演项目，同时，太阳马戏团增加了独特的表演场地，创造了高雅的观看环境、艺术性的音乐和舞蹈，这使得人们愿意花高于传统马戏表演门票几倍的价钱来享受前所未有的娱乐。总之，太阳马戏团开辟了一片利润丰厚的蓝海市场，创造了一种与传统马戏和戏剧都迥然相异的、崭新的现场娱乐形式，并且差异化和低成本一箭双雕，实现了价值创新，重塑了马戏产业。[7]

太阳马戏团是蓝海战略的经典案例，也创造了辉煌的业绩，它曾经在全球 150 个城市巡演过，每年有超过 6 000 场演出，拥有 1.82

亿名观众，形成了与美国迪士尼相媲美的世界级文化品牌。但可惜的是，2020 年 6 月 29 日，加拿大太阳马戏团的母公司太阳马戏团娱乐集团申请了破产保护。

是什么原因导致世界知名的太阳马戏团申请破产？一个直接的原因是，全球流行的新冠肺炎导致其所有演出被迫停止、收入归零，更大的问题是太阳马戏团在过去几年过度负重扩张，先后斥巨资收购了多家演艺企业、演出制作企业等，导致其负债累累，负债额度达到近 10 亿美元。在 2020 年年初，知名的穆迪公司将太阳马戏团的信用评价降到垃圾级，警示其有违约风险，并指出太阳马戏团的产品运营结构单一，令其容易暴露在无法控制的事件中，例如自然灾害、消费者收入和可支配支出的变化、其他竞争对手的竞争等。[8]

太阳马戏团的破产也暴露出蓝海战略的局限性，因为这一战略模式将能够进行价值创新的战略行动作为分析单位，忽略了对企业整体发展战略的顶层设计。从某种意义上来讲，企业的战略行动只是战术，而不是真正意义上的战略。如果企业在战略方向上发生了错误，即便实施了正确的战术，也可能在错误的方向上越走越远，最终破产倒闭。换言之，战术上的正确并不能弥补战略上的错误。

和蓝海战略不同，黑海战略在本质上聚焦于价值共生，这是一种生态战略思维。我在《第四次管理革命》一书中，以海尔、阿里巴巴、苹果、亚马逊、丰田汽车和西门子这六家世界 500 强企业为案例，发现这些企业在战略上坚持了相同的转型方向，即构建平台生态系统，我将这一生态系统定义成“价值共生体”。

平台生态系统是以资本、数据、知识为连接力，以共享、共治、共益为竞争力，以战略生态、平台赋能和价值共创为驱动力，由拥有共同愿景和使命的生态企业、专业企业和顾客相互依存、协同进化的价值共生体。[9]

显然，价值创新与价值共生在战略逻辑上有很大的不同，前者关注的是企业如何通过自身的资源和能力为用户创造价值，后者关注的是企业如何通过生态伙伴共同为用户创造价值。

价值共生是一种新的价值创造模式，日益得到企业界的高度重视。2019 年 11 月，我到奥地利维也纳参加第 11 届彼得 · 德鲁克全球论坛。论坛由彼得 · 德鲁克欧洲学会主办，自 2009 年起，每年 10—11 月在管理大师彼得 · 德鲁克的故乡维也纳举行，被誉为“管理学界的达沃斯”，每届论坛都会吸引数千名来自全球各地的学者和企业家参加。那一届论坛的主题是“生态系统的力量”（the power of ecosystem）。围绕该主题，共设计了 20 个主题论坛和分论坛，我对这些论坛的关键词进行分析和归类后，发现那一届论坛的热点议题主要包括网络与平台、生态领导力、生态组织、重塑自我等，这些议题都非常具有前瞻性，基本上都和生态系统、价值共生密切相关，也是当下企业在物联网时代战略转型所关注的核心问题。

从论坛的主题“生态系统的力量”，足以看出战略生态化对企业未来战略转型的重要性。年会的第一个主题论坛就讨论了网络与平台对价值创造的影响，并认为构建价值共生网络、塑造平台能力是企业未来“价值创造的新方式”。比如，艾米 · 韦布（Amy Webb）教授就认为，不论是在美国，还是在中国，以数据驱动的科技公司正在撼动传统产业的发展模式，数字生态系统正在重塑全球的经济发展模式。张瑞敏在发言中指出，未来企业必须向生态系统转型，否则无法继续生存。未来的竞争将从产品竞争走向场景竞争，对生态企业而言，最有价值的是场景生态。将来不再会有完美的产品，只有追求完美迭代的场景体验。因此，海尔黑海战略的本质就是“用户的场景体验迭代驱动生态品牌的自我进化和价值共生。”

“平台赋能”：黑海战略的基石

显然，企业在选择红海战略、蓝海战略和黑海战略时需要匹配不同的组织能力。在战略管理中，能力约束战略是一个基本的原则。但是，这一原则常常被管理者忽略，导致企业在战略执行上失利，甚至惨败。让我们通过 1812 年的俄法战争来体会这一核心原则。

1812 年 6 月 24 日，法国皇帝拿破仑一世亲率约 60 万大军渡过涅曼河，入侵俄国，一场为争夺欧洲霸权的战争爆发了。拿破仑的战略目标是：速战速决，占领莫斯科，迫使俄国投降。俄国军队和法国军队实力悬殊，且战且退，法军如愿以偿地攻占了莫斯科。但令拿破仑没有想到的是，俄国军队主动放弃了莫斯科，而且在莫斯科燃起了大火。更为麻烦的是，俄国既不同意停战，也不投降。随着寒冷冬季的来临，法军因过于深入到俄国腹地，补给线又太长，军队无法及时获得物资。无奈之下，拿破仑终于在 1812 年 10 月 19 日下令从莫斯科撤退。

在撤退过程中，寒冷、饥饿和疾病成了击溃法军的三大致命武器，再加上俄国军队的不断侵扰和攻击，法国军队损失惨重，死亡约 23 万人。尽管拿破仑于 1812 年 12 月 6 日逃回巴黎，但随后不久，拿破仑创建的欧洲体制因为战败而分崩离析，他本人也被迫退位，被流放到意大利一个小岛上，拿破仑一世的军事和政治生涯就此终结。

拿破仑在俄法战争中的惨败告诉了我们一个基本的事实：现实和战略之间永远会存在巨大的鸿沟，战略的达成不能一厢情愿，它受制于多种因素的影响。

约翰·加迪斯在《论大战略》一书中指出，所谓大战略就是无限远大的抱负与必然有限的能力之间的平衡。如果一个企业寻求的目标超出了它的能力，那么，企业迟早要调整目标以适应能力。随着能力的提升，企业可能会达成更多的目标，但不可能达成所有目标，因为目标是无限的，而能力永远存在界限，换言之，能力是有限的。无论企业在战略与能力之间达成什么样的平衡，理想和现实之间，也就是当前所处的位置与目的地之间总会存在差距。只有在可操作的范围内，将现实与理想连在一起，才能称为战略。[10]

在多年的教学和顾问生涯中，我不仅深入研究了多家世界 500 强企业的战略变革，也担任了一些企业的战略顾问，帮助企业进行战略变革和组织转型。我发现，大多数的企业领导者都能够清晰地把握企业的战略方向。但是，他们的软肋是执行，战略规划与战略执行的脱节是大多数企业领导者面临的问题，其中的根本原因是有限的能力制约了无限的战略。

在领导者致力于把战略变成现实时，环境的不确定性和能力的有限性将会极大地影响目标达成度。战略和目标是思考和设计出来的，它们存在于领导者的想象之中，可以是无限宏大的，比如希腊神话中带着蜡制翅膀的伊卡洛斯飞向太阳，比如拿破仑想要征服俄国。但在多变且不可预知的环境中，每个组织、每个人的能力和手段都是有限的，凭借蜡制的翅膀无论如何也无法飞到太阳上。因此，任何一个组织、任何一个领导者都必须平衡战略（目标）、环境与能力之间的关系。

不管是红海战略，还是蓝海战略，都关注价值实现能力，只不过这两种战略模式关注的能力组合不同而已。红海战略的竞争主题是成本领先或者差异化领先，因此，企业需要围绕以上两种不同的竞争主题匹配不同的能力组合。比如，美国西南航空公司奉行的是低票价策略，围绕这一竞争主题，公司在低成本方面塑造了强大的能力。

蓝海战略试图在成本领先和差异化领先两个方面都保持竞争优势，这就需要企业不仅要压低成本，还要提升顾客获得的价值。顾客的买方价值由企业向买方提供的效用和价格二者组成，而企业一方获得的价值来源于价格和成本，因此，价值创新只有在企业对有关效用、价格、成本的活动都能适当地协调一致的情况下才能实现。[11]

黑海战略则不同，它关注的是平台赋能能力，即利用各种平台帮助小微企业进行价值创新的能力。

正如我在前文所言，黑海战略的目的是构建生态系统。一个生态系统的繁荣不仅取决于各方参与者的互动参与、共创共赢，更取决于平台的赋能能力。打一个比方，平台能力就是生态系统中的黑土地。在肥沃的黑土地上，可以生长大豆、高粱、土豆等各种农作物。在一个生态系统之中，平台能力越强，越能赋能创业者、赋能企业、赋能生态，越能让更多的小微企业、伙伴、各类资源方在平台上生长和发展，形成合力，共同为用户持续创造价值。简言之，平台赋能是黑海战略的基石。

海尔基于“平台 + 生态”的战略，致力于构建生态型组织，通过打造平台赋能能力，培育生态系统中的黑土地，目前海尔已经构建了多样化的平台，这些平台共同赋能生态系统中的小微企业专注于为用户创造价值。在接下来的一章，我将解释海尔的平台结构和平台能力。

第2章

海尔如何利用平台能力实施黑海战略？

经济组织科学的核心任务就是把我们利用资源的范围扩充到任何头脑的控制范围外，也就是如何避免意识控制的需要，以及如何提供各种激励，使个人去做值得做的事情，而无须任何人告诉他要做什么……

——1974 年诺贝尔经济学奖获得者　弗里德里希·哈耶克

2000 年以来，管理进入了巨变时代，我称之为“第四次管理革命”。它分为两个阶段，2001—2020 年是第一阶段，主要由移动互联网引起，催生出大量平台交易型企业。如果没有移动互联，就没有电商平台企业的繁荣发展。从 2020 年开始，产业互联网（包括物联网）的广泛应用将催生以场景价值为核心的商业模式，产业平台企业将会崛起。如果没有物联网、人工智能等技术的广泛应用，就没有场景生态，也就很难出现真正的平台生态型企业。

“所有公司都难逃一死。所有城市都近乎不朽。”张瑞敏常常借用凯文·凯利的这句话来诠释他对物联网时代管理变革和黑海战略的思考。在他看来，传统的大型企业在物联网时代要生存下去越来越难，僵化的流程和结构极大地约束了传统大型企业的创新和适应能力，秉持产品品牌思维的“大象难以跳舞”，但生态品牌将获得在物联网时代发展的新动力，因为生态系统意味着开放、包容，意味着共生、共赢。

现实中，商业生态系统已经不再是镜中花、水中月，而是成为企业在万物互联时代战略转型的方向。根据多年来对海尔、阿里巴巴、苹果、亚马逊、微软、丰田汽车、西门子等世界500强企业转型案例的深入研究，我发现这些企业尽管采用了不同的战略路径，但转型的方向基本一致。它们都正在转型为平台生态企业，而且在转型过程中遵循了相似的变革原则，正所谓“大道至简，殊途同归”。[1]

一个基本的结论是，许多世界500强企业战略上都在向生态企业转型，换言之，都在实施黑海战略，只是战略实施的深度和广度不同而已。我将企业的黑海战略定义为战略4.0，与之对应的是产品型战略（1.0）、方案型战略（2.0）和平台型战略（3.0）。黑海战略的核心是构建平台生态系统。

如果说战略是“做正确的事情”，那么，能力就是“把事情做正确”。只有动态地平衡两者的关系，企业才能把战略落地，才能在多变、动荡的环境中获得持续的竞争优势，才能立于不败之地。本章的目的就是诠释海尔在黑海战略的指引下，如何通过平台赋能来构建生态系统，如何将宏大的战略变成现实，以及如何实现战略与能力的动态平衡。

我发现，平台组织和平台能力是黑海战略的两翼（图2-1）。它们相辅相成，相互促进，共同为企业实施黑海战略提供了组织和能力的保障。

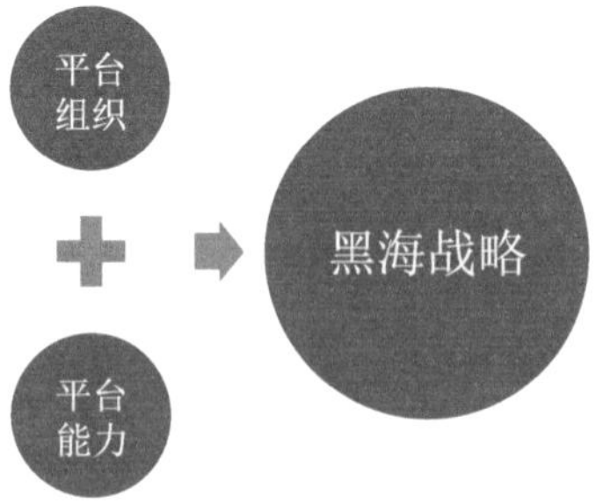

图2-1 黑海战略：平台组织与平台能力

下面，就让我们首先来看一下什么是平台组织，如何治理平台组织，平台组织的结构是什么。

平台组织：结构与治理

相对于传统企业采取的封闭式科层组织，基于黑海战略的平台组织是开放的生态网络化组织。这类组织的典型特征是打破了传统的组织层级，将组织结构演变成由平台支撑的“平台 + 小微企业”模式。

组织层级是影响企业敏捷力的核心要素。一个组织要想提高敏捷力，就必须减少组织层级，但这是组织变革中最大的挑战之一。在任何一个大型的传统科层式组织之中，每一个管理层级都被许许多多的管理者占领。他们为自己搭建了一个个舒适的领地，这些领地也是信息过滤站。他们会把有利的信息传递给自己的主管领导，把不利的信息封存起来。信息的失真或者不完整，让高层领导者无法快速、正确进行决策，最终的结果是企业的敏捷力日益下降。

海尔在构建平台生态组织的过程中，最大的一个痛苦就是减少组织层级。张瑞敏感受到了巨大的压力，“把组织压扁，这个任务是非常繁重、非常困难的”。的确，在组织扁平化的过程中，分流、裁减中层管理者，对每一位 CEO 而言都是极大的挑战。在传统的组织中，中层管理者是中流砥柱，他们担负着承上启下的作用。但是，在组织不断扁平化的过程中，受到冲击最大的就是中层管理者。海尔并没有采取生硬的裁员措施，而是鼓励内部创业，鼓励原来的中层管理者在海尔平台上创业，成立小微企业，融入海尔生态系统。在海尔目前的生态组织中，只有三种人：平台主、小微主和小微创业者。它打破了传统的科层式管理结构，传统组织意义上的上下级关系不再存在。

平台组织的组织形式也发生了重大变化。传统的组织形式大多由事业部和职能部门组成，这是科层式组织结构下的标准组件。这种模式的普遍问题是，作战单位规模过大，不灵活，不敏捷。比如，在大型企业中，一个事业部通常有数千人，大的部门也会有数十人，像这样的大军团作战模式，行动起来有时非常笨拙。平台组织的组织形式是“大平台 + 小团队”。

“大平台 + 小团队”这种新型组织形式，可以快速提高组织敏捷力和快速反应能力。一线小团队面对顾客，需要灵活应对问题，需要灵活决策，满足顾客瞬息万变的需求，更需要及时应对对手的竞争策略。小团队之所以作战能力强，敏捷性高，是因为它们有强大的平台支持，否则，一线团队就会在孤立无援中迅速溃败。平台能力需要支持前端的小团队迅速掌握信息，快速做出判断，敏捷调度中台甚至是后台的力量，从而引领整个组织为顾客创造价值。在海尔，平台组织的具体形式是：平台 + 小微企业。

和传统科层式组织强调管控和集权不同，平台组织强调赋能和分权，这也带来了新的组织治理问题。平台组织治理机制的核心是“共治”，这种治理模式需要有效平衡自发治理（自治）与有目的治理（管控）。

在《治理机制》一书中，诺贝尔经济学奖获得者奥利弗 · 威廉姆森引用了一个非常有趣的故事来论述自发治理与有目的的治理之间的关系，这一故事是由另一个诺贝尔经济学奖获得者赫伯特 · 西蒙创作的。在西蒙创作的故事中，火星人带着能够揭示社会结构的望远镜接近地球，这些火星人从望远镜中看到地球上有绿色和红色两种颜色的东西。西蒙将绿色的乱麻比喻成“有目的治理”（组织），将红色的线条比喻成“自发治理”（市场）。于是，西蒙推断说，火星人看到地球上的这副场景一定会说，地球上有大片的绿色地区被红色的线条网络连接在一起，而不会说，地球上有许多绿点被红色网络所连接。西蒙的结论是，火星人都知道至关重要的经济活动主要依靠有计划的行政管理（有目的治理），而不是仅仅依靠自发的市场机制。

显然，西蒙借用火星人的比喻，强调有目的治理对社会组织的重要性，即需要加强对组织“有目的的管控”，他对过度依靠市场的“自发治理”并不认同。和西蒙略有不同，奥利弗·威廉姆森则强调两种治理模式的重要性：

> 新组织科学既非自发治理，亦非有目的治理，而是包含这两者……对经济组织的脚踏实地的探究不仅需要为自发的治理和有目的的治理这两者都做好适当的准备，还需要解释何种形式的治理适用于何处，并阐明理由。对经济组织的研究遭受着跛脚之苦……企业为什么不头脑精明地把自治（自发治理）与命令（有目的治理）结合起来呢？[2]

精明的领导者需要把自治和管控有机结合起来，从而创造一种共治机制。基于对商业生态系统治理机制的研究，我发现在健康的商业生态系统之中，既要有自发治理的机制，又要有有目的治理的机制。两种治理模式的融合，可以有效解决组织在权力分配体系中常常遇到的困境“一放就乱，一收就死”，从而达到“放而不乱，收而不死”。

在黑海战略的指引下，海尔在组织上不断推进全体员工的共治，通过这种治理机制，塑造企业和员工之间一种新型的组织关系。

> 我们希望实现全员共治，基本出发点就是把劳资关系转变成为一种共创共赢的关系：每个人都是创业者，都是“创客”，同时，每个人都应该是赢者。当然每个人都是赢者并不意味着马上就能获得成功，而是从长远看来，能够始终追求并获得成功，同时也是动态的。我们把这种机制叫作“动态合伙人制”。[3]

我发现，商业生态系统的共治机制包含两个核心要素：契约和信任。契约的核心首先是公平，是给每一个生态伙伴提供平等的成长机会，让每一个人都有机会成为赢者。同时，契约还代表着“共赢增值”，即共创价值、共同分享，这也是动态合伙人的核心机制。

当然，商业生态系统的本质是人与人之间的网络，因此，在设计商业系统的治理机制时必须要考虑人类行为的动机。正如新制度经济学的鼻祖、经济学家罗纳德 · 科斯所言，要想系统地理解人际网络的经济效益，就必须重视理解系统中个体的实际行为和动机。[4]

因此，生态企业在构建商业生态系统的治理机制时，不仅要考虑建立生态伙伴之间的契约机制，同时应该考虑建立一套处理人与人之间关系的机制，这个机制的核心便是信任。契约与信任是商业生态系统治理的两个核心规则，它们就像是一枚硬币的两面。契约通过合同来体现，各成员企业之间可以通过签订合约，将交易的细节和约束条款尽可能详尽地列出来；而信任则帮助成员企业解决合同之外的事情，并不是所有的事情都能够通过书面的合同来约束。

我喜欢用“放风筝”来比喻平台组织中自发治理和有目的治理这两种模式的融合。小微企业（或者合伙人）就好比是风筝，我们都希望风筝有更大的空间（自发治理），飞得更高，飞得更远，就像我们希望每一个小微企业或者合伙人都能成功一样。但是，我们手中必须有一条线来牵引风筝（有目的治理），否则，风筝就会飞跑，不知所向，最终也会掉落在地上。

在平台组织中，连接合伙人和企业之间的“线”就是各种平台。利用平台，企业可以实现有目的治理。如果没有平台的赋能与管控，合伙人就不可能持续创造价值，因此，平台组织中很重要的构件就是平台。

平台能力：管控与赋能

黑海战略的使命是推动传统企业向生态企业转型，这是企业在物联网时代的“大战略”。“大战略”需要“大能力”。我越来越体会到，战略不仅仅需要指明企业未来的发展方向，它更需要“目标与能力的匹配”。如果没有能力的支撑，宏大的战略根本无法落地。事实上，许多领导者犯下的失误就是沉浸在宏大战略带来的自我虚幻之中，对能力建设的漠视最终导致了企业的惨败。目标与能力的脱节，是领导者在战略管理中面临的大问题。

黑海战略需要平台能力的支撑，这就需要企业重新定义什么是核心竞争力。

“核心竞争力”（CC，core competence）这一概念出现在第三次管理革命的中期（1990 年），它被定义为组织内的集体学习能力，尤其是如何协调各种生产技能并且把多种技术整合在一起的能力。核心竞争力有三个主要的作用：第一，核心竞争力能够为公司进入多个市场提供方便；第二，核心竞争力应当对最终产品为客户带来的可感知价值有重大贡献；第三，核心竞争力应当是竞争对手难以模仿的。如果核心竞争力是各项技术和生产技能的复杂的融合，那么这项能力就难以被竞争对手模仿。核心竞争力的思维本质上是产品思维，它被视为企业核心产品的基石。

蓝海战略要求企业培育独特的核心竞争能力，依托强大的核心竞争力，公司的战略目标是在某个具体类别的产品功能的设计和开发方面谋取世界领先地位，并力图使核心产品在世界上的制造份额达到最大。如果一家公司在核心产品市场占据了主导地位，它就有能力影响相关应用领域与最终产品的发展。随着核心产品向更多的应用领域挺进，公司在新产品开发上能够不断减少成本、缩短时间和降低风险。简而言之，定位准确的核心产品可以带来规模经济和范围经济，并让企业获得竞争优势。对于那些奉行蓝海战略，并以产品制胜的企业而言，核心竞争力依然有重要的价值，它仍是产品型企业竞争优势的来源。[5]

奉行黑海战略的企业从产品战略转型为生态战略，这一战略不仅能帮助它们不断突破成长困境，而且能帮助它们在物联网时代获得巨大的竞争优势。

蓝海战略的核心工具是产品—市场组合定位，这种方法针对的是明确的市场和明确的产品，核心竞争力理论的核心思想是有效的战略必须围绕能够明确产品—市场组合的核心竞争力展开。显然，核心竞争力已经不能有效支撑平台生态企业实施的黑海战略了。

与黑海战略相匹配的是平台能力，这是生态企业的核心竞争力。数字化和智能化的平台成为生态型企业的基础设施，所以，生态企业都不遗余力地在人工智能、云计算、区块链、大数据、物联网等最新技术上投下巨资，用于构建生态系统的平台能力，它是平台生态系统获得竞争优势的重要基础。

然而，到底什么是平台呢？好奇心驱使我想了解一下“平台”这个概念在当前到底有多么流行。我在搜索引擎中输入了“平台”两个字，显示的搜索结果竟然达到 100 000 000 个！我知道“平台”是最近几年管理者们谈论的热点话题，但是，这个搜索结果还是大大出乎我的意料。看来，平台已经得到了企业管理者们的高度重视，正如张瑞敏所言，传统时代企业都在追求创造品牌，而在物联网时代，“你要么拥有平台，要么被平台拥有”。

其实，平台是一个我们既熟悉又陌生的概念，而且，对它的定义也五花八门。我们熟知的集贸市场就是一个典型的平台，平台的一边是商贩，另一边是消费者，集贸市场是双方交易的场所。当然，如果仅仅把平台理解为集贸市场、购物中心，显然大大低估了平台在黑海战略中的价值。对那些经常谈论向平台企业转型的管理者来讲，“什么是平台”这一问题也常常让他们感到非常困惑。

我将平台划分为两种类型：交易平台和赋能平台。这两种平台的结构和规则都有很大的不同。一家平台企业可能同时拥有这两种平台，也可能只拥有其中一种。首先，我们来看看什么是交易平台。

交易平台，顾名思义是直接连接买卖双方的场所。集贸市场是一种初级的交易平台。当当网、京东商城、淘宝网等电商平台以及Uber（优步）、Airbnb（爱彼迎）、苹果公司的App Store（应用商店）等平台在本质上也都属于交易平台，只不过后者利用了互联网技术，改变了交易场景，设置了新的交易规则，同时极大地扩展了交易平台的规模，不再像传统的集贸市场那样，因为受制于物理环境、场地大小等，交易的规模有限。

在交易平台的商业生态系统中，主要有三个角色：平台主、产品或服务提供者、消费者（图2-2）。

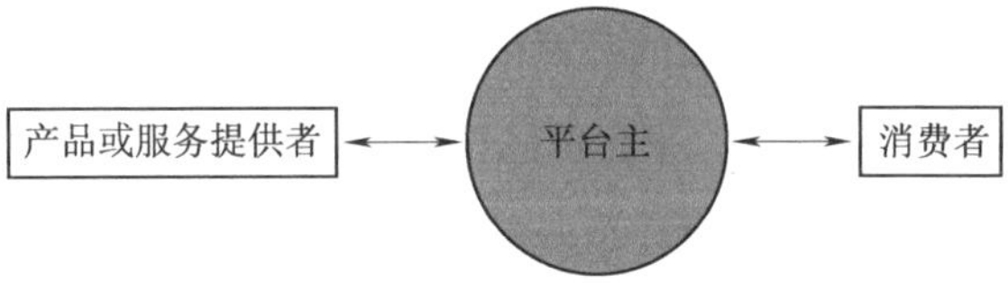

图2-2　交易平台结构示意图

平台主是整个交易平台的建设者、运营者，平台两边的产品或服务提供者和消费者都属于平台主的顾客。平台主不仅要承担各种交易规则的制定，同时要想方设法吸引两边的顾客在自己的平台上交易。产品或服务提供者和消费者分别属于“卖方”和“买方”，平台对它们的吸引力在于平台是否有独特的甚至是不可替代的价值。平台提供的价值越独特，越不可替代，平台对买卖双方的黏性就越大。

影响交易平台是否成功的主要因素之一是网络效应。根据以色列经济学家奥兹·夏伊在其著作中给出的定义，“当一种产品对用户的价值随着使用相同的产品或可兼容产品的用户增加而增大时，就出现了网络效应”。通俗地说，网络效应是指产品价值随着购买这种产品及其兼容产品的消费者数量的增加而不断增加。例如电信系统，当人们都不使用电话时，安装电话是没有价值的，而电话越普及，安装电话的价值就越高。

交易平台是一个具有网络效应的产业，在这样的产业中，“先下手为强”和“赢家通吃”是市场竞争的重要特征。所以，平台若想取得成功，需要充分利用网络效应。2014 年诺贝尔经济学奖得主让·梯若尔教授指出，“在具有网络效应的平台竞争中，若想取胜，必须将市场的双边全部占据”。比如，滴滴打车、优步等这些平台主经常会发动补贴大战，通过补贴专车司机和乘客，吸引他们使用自己的交易平台，试图将平台双边的市场资源——司机和乘客——全部拥有。

那么，什么是赋能平台呢？

赋能平台，简单地说，就是赋能自我管理团队或者小微企业创造价值的能力基础设施，它可以为前端业务团队提供标准化、模块化的能力。在赋能平台的商业生态系统中，主要有四个角色：平台主、资源方、小微企业和消费者（图 2-3）。

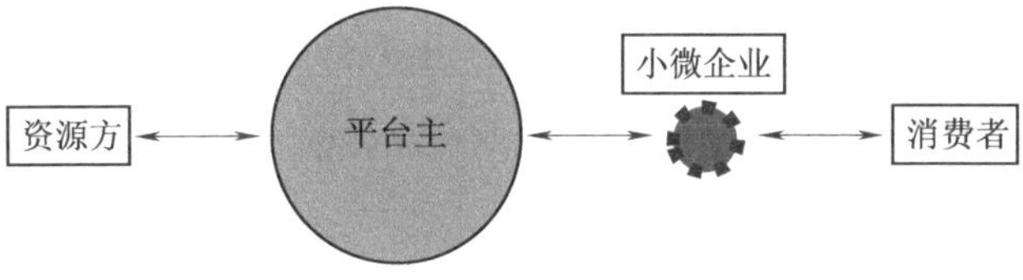

图2-3　赋能平台的结构示意图

和交易平台类似，平台主是整个赋能平台的建设者、运营者，赋能平台将资源方和小微企业连接起来。和交易平台不同的是，消费者并不一定直接从赋能平台上购买产品或服务，而是直接由小微企业提供产品或服务，小微企业是一个直接为消费者创造价值的自主经营单位，常常被称为“业务前端”或者“业务前台”。

比如，海尔采取的是“双平台”战略，在其平台布局中既包括交易平台，又有赋能平台。交易平台以满足用户价值实现为核心，赋能平台以赋能小微企业创造价值为核心。本书聚焦的是赋能平台的功能和机制。

为了提高赋能平台的赋能能力，平台企业需要构建“多平台”。多平台一方面将进一步拓展平台的用户和产业边界，另一方面也将在包括大数据、智能化技术等在内的数字化基础设施层面实现平台最大范围的协同效应。同时，平台企业也需要加大投资产业基础设施，平台投资产业基础设施并不是为了自主参与产业经营，而是为了通过产业能力集成赋能产业中的创造者，充分释放产业内的创新力量。因此，平台必须实现产业基础设施的模块化，以实现产业能力的随需调用。通过构建模块化、积木式的能力组合，平台将核心业务或核心产业能力下沉至中台，通过中台对能力的集成和封装形成模块化的服务能力，最终服务于前端的价值创造者。[6]

赋能平台的核心特征是“数字化和智能化”，利用赋能平台的数据智能能力，在业务一线的“前端”小微企业可以敏捷地响应用户的需求，并实时地为用户提供独特的产品体验。

在数字时代，企业从数据层面理解客户痛点，快速响应客

> 户需求，深度发掘客户潜在价值。数字时代具有“活在当下”的实时性特点，企业的核心竞争力取决于获取和利用数据的能力，以完善产品功能和增加产品体验，从而实时响应客户需求。[7]

当然，生态企业在构建赋能平台时也充满挑战，比如，用什么力量吸引创业者来平台创业？用什么措施激发平台的活力以赋能小微企业创造价值的能力？用什么机制让生态中的小微企业在战略和目标上与整个平台保持一致？ 对于以上问题，海尔通过构建“平台赋能”体系来解决。

平台赋能：敏捷前台、共享中台与基础后台

图 2-4 展示了海尔平台赋能体系的整体结构，它包括三大部分：敏捷前台、共享中台和基础后台。

在海尔，敏捷前台是指直接面向用户，为用户直接创造价值的小微企业，它们分属于不同的产业平台。目前，在海尔的生态系统中，共有五大产业平台。第一个产业平台是海尔智家平台，它的定位是成为全球物联网智慧家庭生态品牌的引领者，这个平台集高端智造与高端品牌为一体；第二个产业平台是卡奥斯（COSMOPlat）工业互联网平台，它的定位是成为全球引领的世界级工业互联网平台；第三个产业平台是海纳云平台，它的定位是成为国内引领的物联网智慧社区 / 智慧园区生态平台；第四个产业平台是盈康一生平台，它的定位是成为全球引领的物联网健康智慧生态平台，构建中国生命

安全创新型产业高地；第五个产业平台是海创汇平台，它的定位是成为孵化创业家和新物种的创业创新生态平台。目前，在这五大产业平台上，共有超过 4 000 家小微企业，它们围绕用户需求动态地组成不同的链群，协同起来为用户创造价值。

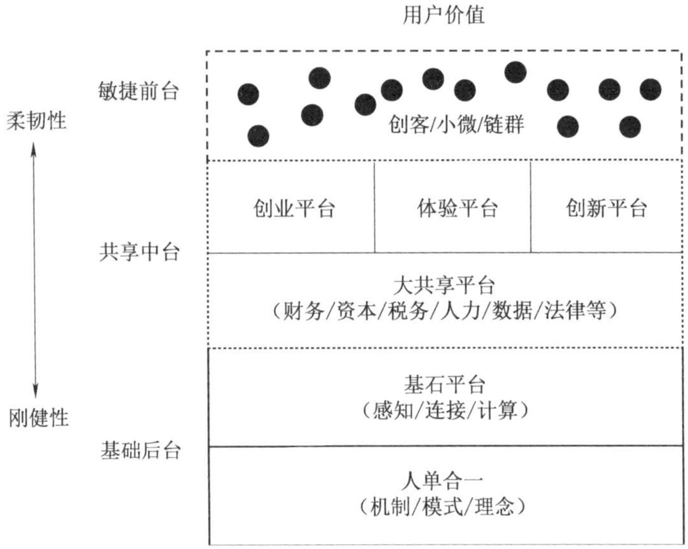

图2-4　平台赋能：敏捷前台、共享中台与基础后台

共享中台主要是指集成的共享平台群，它们为海尔生态系统中的小微企业提供能力支持和服务，赋能小微企业为用户创造价值。在海尔，核心的共享中台主要包括创业平台、体验平台、创新平台以及大共享平台等。

在平台赋能体系的“三台架构”中，中台承担着重要的职责和使命，它们的核心功能之一是对前台迭代创新中出现的各种试错、迭代和能力进行沉淀，并为前台赋能。同时，中台还承担着与前台和后台进行有效衔接和协同的重要职能。[8]

基础后台则是海尔整个生态系统的“黑土地”，主要由基石平台和人单合一模式组成。我将基石平台定义为生态网络中各成员企业利用计算能力和数据资产共创价值的智能技术底层平台。基石平台能够为生态网络中的成员企业提供解决问题的整套技术、工具和方案，借助一系列的接口或界面，将相关功能集成并提供给生态网络中的企业成员，承担着为生态圈成员企业“数据智能”赋能的功能。利用基石平台上的接口或者界面、工具和技术，成员企业可以根据用户的需求开发自己独特的应用平台或者产品，以创造更多的价值。因此，基石平台的核心特征是资源开放、价值共创和价值共享。

在生态企业构建的平台生态系统中，基石平台的定位是“应用平台的基础平台”，即“平台中的平台”。

依赖基石平台的核心技术，平台企业不仅捍卫着整个生态体系的健康，防范其他竞争平台企业的入侵，同时，也为整个生态体系企业物种的多样性、稳定性、创新性和竞争性奠定了基础。卡奥斯平台是海尔生态系统中的基石平台，它的三个核心能力是：感知、连接和计算。海尔将其定位成工业互联网平台，在该平台上衍生出了基于行业的产业子平台，产业子平台可以赋能不同的小微企业在全产业价值链上创造价值。人单合一则是海尔生态系统中独有的管理模式，它是物联网时代的新管理模式，核心是“共赢增值”机制。海尔集团总裁周云杰将人单合一模式比喻成全链路创新的“元技术”和“管理芯片”。基石平台和人单合一分别代表“技术黑科技”和“管理黑科技”，二者刚柔相济，共同形成了海尔生态系统的“基础后台”。

技术黑科技和管理黑科技的融合成为海尔平台赋能体系的核心优势，从而帮助数千家小微企业能够在不确定的环境中生存下来。海尔集团总裁周云杰在《组织韧性——如何穿越危机持续增长》一书的推荐序中写道：

> 企业在面对不确定性时，要有顽强的意志力让自己活下来，坚持到最后。同时，企业要顺应时代，进行数字化的重生，形成有“技术黑科技”和“管理黑科技”支撑的企业“黑海战略”，穿越危机，实现持续增长。

海尔构建的工业互联网基石平台以用户为中心，始终与用户保持零距离，可以帮助小微企业实现大规模制造向大规模定制的转型，持续了解用户需求并不断满足其体验，而这也可以解决中小企业“只有顾客没有用户”的难题。同时，结合人单合一管理模式，帮助小微企业建立共赢增值分享机制，从而帮助小微企业和海尔生态系统中的其他生态伙伴一起为用户创造价值、分享价值。[9]

一个商业生态系统最重要的三个特征是稳定性、协同性和适应性。海尔基于黑海战略构建的“敏捷前台、共享中台和基础后台”的“三台结构”有效平衡了组织中的柔韧性和刚健性，既保持了整体生态系统的敏捷性，又保持了生态系统的稳定性。

> 企业组织要有刚性，更要有柔性。海尔颠覆传统科层制，转向以平台加链群和小微节点的网状组织。平台是刚性的，包

括强大的中台和稳定的后台，以保证企业聚焦战略，利用平台做大生态、做成大事业；而链群和节点小微的组织是柔性的，就好比水母，每个小微不需中枢指挥，可即时对用户需求做出反应，捕捉市场机会，满足用户体验。[10]

在接下来的一章，我将从敏捷前台开始，逐一解释海尔的“平台赋能”体系，并分析海尔如何利用平台组织和平台能力来实施黑海战略。

第3章

敏捷前台：快速为用户创造价值

国家财富真正的来源是人民的生产力、创造力和生命力……知识是创造财富的核心动力，而知识的进步也需要思想的传播……一个国家要想持续创造财富，就需要构建充满活力和创新的知识经济体系，而知识经济体系是国家实现可持续增长的唯一途径。

——2001 年诺贝尔经济学奖获得者　约瑟夫 · E. 斯蒂格利茨

2020 年 1 月，新冠肺炎疫情的暴发使得全球防疫物资频频告急，这让海思堡服装服饰集团负责人马学强非常着急。他想让企业复工转产防护服等防疫物资，但有两个关键的障碍需要解决：一是没有相关生产资质，二是无法采购到设备和原材料。在当地政府的支持下，海思堡集团旗下的专业牛仔裤生产企业尚牛智能制造公司很快取得了防护物资的生产资质，但生产流程规划、原材料供应等依然是个大问题。

2 月 8 日，海尔卡奥斯平台与海思堡集团开始合作，后者利用卡奥斯平台的生态汇聚能力，在全球寻找资源，设计新的生产线以及相关流程工艺。卡奥斯强大的供应链平台赋能能力使得海思堡在短短 3 天时间里就完成了原材料进货和复工转产。2 月 9 日晚上，海思堡集团复工转产后的第一件普通防护服样品出炉。2 月 10 日下午，首批 1 000 件普通防护服下线。在企业全部投产后，可实现普通防护服日产两万件，一次性口罩日产两万只。

为什么海思堡能够在短短的 3 天时间里，从生产牛仔服装复工转产防护服、口罩等防疫物资？海思堡的敏捷能力和生产柔性从何而来？显然，这得益于海尔卡奥斯平台强大的生态供应链能力的赋能。

在海思堡敏捷地从牛仔服装转产防护服的过程中，卡奥斯平台的智能制造能力发挥了极大优势。依托平台的智能制造等关键共性技术以及数字供应链操作系统，卡奥斯平台的纺织服装行业子平台“海织云”帮助海思堡精准高效地完成了核心产线、设备、原材料等生产资源的调配，为海思堡提供了防护服、口罩生产的全流程解决方案，从而赋能海思堡集团实现复工转产。

海思堡的案例让我们看到了创造力和敏捷力的重要性。正如2001年诺贝尔经济学奖获得者约瑟夫·E.斯蒂格利茨所言，生产力和创造力不仅是一个国家财富的来源，也是一个企业财富的核心来源。面对越来越复杂、充满不确定性的外部环境时，企业需要提升创造力和敏捷力以快速适应市场的变化，满足用户的需求，获得竞争优势。近几年来，不管是在大型的高端管理论坛上，还是在私密小型的管理研讨班上，“敏捷性”“创造性”“柔性”等成为管理者们极为关注的话题。以下三个问题常常会被学者、咨询顾问以及企业领导者们提及：为什么企业越来越难以敏捷地应对不确定的环境？为什么企业越来越难以对用户的需求变化做出快速的反应？为什么企业在快速变化的竞争中越来越缺乏创造性？

“敏捷前台”的基本要素

在《第四次管理革命》一书中，我指出检验平台生态组织的第一个标准是敏捷力，它是生态组织对挑战、机会和问题快速反应、灵活应对的能力。没有敏捷力，就没有未来。为什么组织的敏捷力日益重要？一个重要的原因是当前竞争环境的高度动态、不确定性，不管是竞争对手的策略，还是顾客的需求、新技术的革新，一切都变化得太快，老态龙钟式的僵化组织已经越来越无法适应这种快速的变化。在高度动荡的生存环境中，一个组织的敏捷力决定了其生命力，对外部变化反应僵化、迟钝的组织越来越没有生存的机会了。以变制变，是企业在动荡环境中制胜的核心策略。

但是，敏捷力是企业最难塑造的能力之一，因为它更多的是嵌入在组织结构之中，是组织机制、组织文化的产物，而且组织整体的领导模式也会对敏捷力产生重要影响。在一个敏捷性组织中，良好的组织机制和卓越的领导者都是必不可少的。比如，敏捷性的组织会大幅度精简组织层级，优化组织流程，甚至重塑组织形式。

在第 2 章，我也提到了海尔在实施黑海战略、构建敏捷性生态组织的过程中，最大的挑战就是减少组织层级，塑造网络式的开放组织。对此，擅长管理变革的张瑞敏都感受到了巨大的压力。经过多年的组织变革，如今，在海尔构建的生态系统中，直接面向用户，为用户直接创造价值的是创客、小微企业以及它们形成的小微链群，它们共同构成了海尔平台结构的“敏捷前台”（图 3-1）。敏捷前台以用户为中心，以为用户持续创造价值为核心使命，形成了快速识别用户需求、满足用户体验的价值网络。

在海尔的黑海战略体系中，由创客们组成的小微企业是平台生态系统的核心力量，它们是创造价值的主体。小微企业的规模大小不一，组织形式灵活，行动敏捷，是具有自组织特征的创业团队，这和传统大型组织中的事业部等形式截然不同。传统的组织大多由事业部、职能部门来组成，这是科层式组织结构下的标准组件。

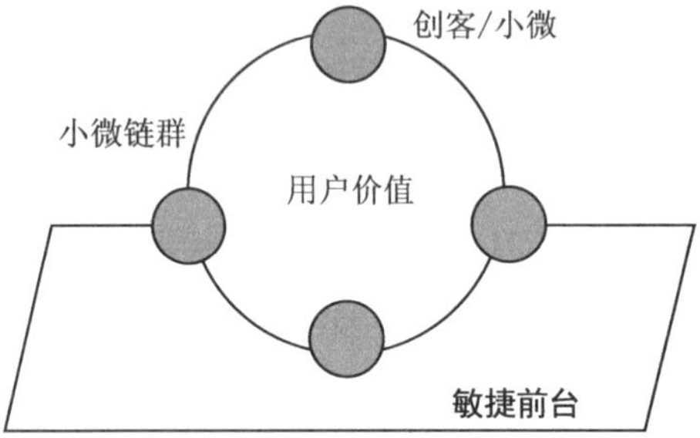

图3-1 海尔敏捷前台的四个核心要素

接下来，我首先解释一下海尔为什么在实施黑海战略时将员工的身份定义成“创客”？其背后的战略逻辑是什么？这对提高平台生态系统的创造力和敏捷力而言有什么价值？

创客精神：创新、创造与创业的融合

有一天，我到北京出差，在酒店附近的一条小街上散步。那天空气清新，阳光明媚，隐约可以看到西山。由于是假日，平时繁忙的街道上略显冷清，偶尔有三五个行人穿过。我已经好久没来这条小街了，街道两旁新开了不少小商店、饭店，只是生意看起来有些冷清。一家餐厅的名字突然映入眼帘，让我非常好奇，“创客牛拉”四个大字在阳光下显得格外醒目，而这家“创客牛拉”楼上的办公区里有四个巨大的字格外引人注目：创客空间。

我突然意识到，“创客时代”真的来临了。不管你是否喜欢这个词，不管你是否理解创客的真实含义，创客已经以它特有的热情侵入了我们的生活，影响着我们的思维和行为方式。有一年，一本杂志发布了当年度的“十大流行语”，创客竟然排名第五！仿佛一夜之间，创客这个词就火了起来。如果你留心一下，就会发现各式各样的创客空间、创客孵化器、创客实验室、创客加速器遍布于大城市的各个角落。

然而，并不是所有人都喜欢创客这个新名词，一些人甚至对它还抱有深深的误解。有一次，我应邀参加中国企业家俱乐部举办的“中国绿公司年会”，并主持了一场主题为“互联网时代下的组织变革”圆桌论坛，共邀请了 7 位嘉宾参加。因为组织变革的概念和范围太大，我细化成了四个子议题引导嘉宾们讨论，其中一个子议题是员工创客化，我的目的是让嘉宾们讨论一下企业如何激励和培养员工的创客精神。

7 位嘉宾对创客的理解并不一致，有的嘉宾支持和赞成企业孵化创客，也有反对企业孵化创客的。反对的嘉宾认为并不是每一个员工都适合成为创客。我发现，观点不一致的背后是每位嘉宾对创客概念的理解不同，这让我感到非常好奇。

论坛结束之后，我又随机调研了 30 位企业 CEO，请他们描述一下对创客的理解，结果有 26 位 CEO 都把创客等同于创业者，这其实是对创客这一概念的误解。比如，一位企业 CEO 告诉我，“创客，不就是创业者吗？只不过是换了一个新名词而已，没有什么新的内容”。

果真如此吗？其实不然，创客不等于创业者，尽管二者之间有很强的联系，但绝不是等同的概念。并不是所有的创客都能成为创业者，也并非所有的创业者都是创客。创客的英文是“maker”，源于美国麻省理工学院的一个实验室，最初的含义是指那些能够“把各种创意转变为现实的人”。把“maker”译为“创客”，其中“创”字的主要含义是创新和创造，后来引申出创业的含义。所以，要完整地理解创客这一概念，应该包括创新、创造和创业三层含义。

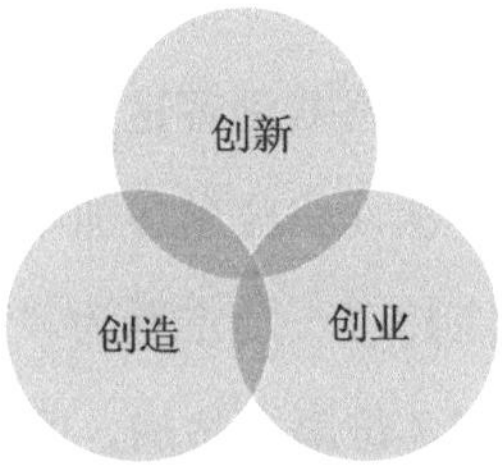

图3-2 “创客精神”的三层含义

想要深入地理解创客精神，需要了解什么是DIY，以及它与创客的关系。DIY是“Do It Yourself”的首字母缩写，意为“自己动手创造”。我在丹麦工作时有一位同事，他极富创新力和创造力，而且是DIY模式的推崇者和践行者，他自己动手设计和装修自己的房子，把自己的创意体现在房间的每一个角落里。这位同事曾经带我参观过他家的储藏室，100多平方米的房间里摆放着各式各样的设计和装修工具，简直就像是一家装修公司的工具库房。每次我们到上海出差，工作之余，他最大的爱好就是去逛五金商店，去淘一些新式的装饰工具，不远万里，带回丹麦，把他满脑子的创意变成现实。简言之，我的这位同事是一个初级的创客，极富创新力和创造力，但他不是创业者。

和我的同事不同，海尔集团的马文俊是一个具有创业精神的创客。2014 年的某一天，马文俊在网络上发现一些孕妇和妈妈们在海尔用户交互平台上抱怨：坐着看电视不方便，要是能直接躺在床上对着天花板看电影就好了；小孩看电视伤眼睛，希望有可以替代传统电视的产品。这些抱怨激发了马文俊的创新动力：为什么不能够设计一款新产品来满足这些准妈妈和妈妈的需求？有了这个创意之后，马文俊利用海尔集团孵化平台的资源优势，快速组建了一个科技创业团队，并于 2015 年 7 月成立了“小帅科技”公司，开始了自己的创业之路。经过技术研发和设计，小帅科技很快就推出了第一款互联网电影机，成为互联网电影机的开创者和引领者。如今，小帅科技已经从硬件制造企业逐步转型为互联网智能发行平台——第 2 院线。这一战略的核心逻辑是以先进硬件为载体，结合智能系统以及泛影视娱乐内容的运营，基于对用户交互需求的理解，最终实现第 2 院线场景生态的搭建。

马文俊是海尔生态系统中创客们的典型代表，这些创客们身上兼具创新、创造和创业三种精神。现在，担任小帅科技公司 CEO 的马文俊在身份上也实现了从打工者向创客的转变。这正是张瑞敏倡导的“员工创客化”。海尔推动的员工创客化变革，其目的是驱动员工改变工作观念，即从原来的被雇用者和执行者，变成创业者和动态合伙人。除了员工身份的改变之外，海尔还设计了创客所有制，利用这一机制充分激发创客们的创新力、创造力和创业力。在创客所有制下，如果创客们干得好，获得的激励就多，拥有的股份可以保留甚至扩大，最后达到“自组织、自驱动、自增值、自进化”的目的。

创客是海尔敏捷前台的核心主体，唯有调动创客们的创新精神、创造精神和创业精神，才有可能使组织在快速变化的环境中敏捷地发现用户需求，满足用户价值，提高用户的黏性，将一次性交易的顾客变成企业的“终身用户”。

> 物联网时代和互联网时代有非常大的不同，它是情景感知的、个性化定制的体验迭代。在互联网时代，用户可以在电商平台上面挑选自己要的东西；将来，不需要用户挑选，企业可以根据情景，感知你需要什么。物联网时代的核心是什么？不再是名牌或者平台，是终身用户。[1]

在张瑞敏看来，消费互联网时代之后将是物联网时代，物联网时代最核心的是创造用户终身体验价值，这也正是黑海战略的本质所在。海尔推动的员工创客化变革正是为了应对物联网时代的挑战，让每一个创客都能在海尔的平台上创业、创新，利用平台赋能，实现创客们自己的梦想。正如《连线》杂志前主编克里斯·安德森在其畅销书《创客——新工业革命》中所言：

> 今天，任何人都可以把自己的发明或产品设计上传给某一服务商，将想法变成现实。产品生产数量多少任选。设计者也可以选择利用3D打印机等功能强大的数字桌面制造工具，自己动手完成产品的制造。[2]

互联网技术，尤其是数字革命技术的快速发展，促使制造业逐步开放并快速向网络化发展，在这场新的工业革命的推动下，员工创客化将成为大势所趋，任何企业想在数字时代制胜未来，都不能忽视这场席卷全球的、轰轰烈烈的创客运动。

小微企业：创造价值的自组织

在海尔平台结构的敏捷前台中，由创客们形成的组织被称为“小微企业”（MEs，Microenterprises）。从 2013 年开始，海尔的小微企业模式首先从全国各地的工贸公司开始试点，这些公司主要负责在境内销售海尔及控股子公司生产的相关产品，海尔将全国 42 家工贸公司全部转型为“商圈小微”。从 2014 年开始，小微企业模式开始在制造、设计、财务等其他单位推进。

小微企业是海尔自主经营体的升级版。从自主经营体到小微企业，再到小微链群，海尔人单合一管理模式中的组织形式经历了三个不同的阶段。我分别称为 1.0 组织形式、2.0 组织形式和 3.0 组织形式，其中 1.0 是自主经营体（利益共同体），2.0 是小微企业，3.0 是小微链群。这是自主经营体不断进化、演进的路线。

利益共同体由自主经营体“进化”而来，它是若干个自主经营体的联盟体，比如水晶洗衣机利益共同体。这个利益共同体负责整个水晶系列产品的开发、设计和销售，它就包括了若干自主经营体，比如一级的研发经营体、生产经营体、销售经营体、采购经营体，以及二级的人力资源经营体、财务经营体、战略经营体、采购经营体等。每个利益共同体都可以自主核算，但是这种核算是一种虚拟核算。

利益共同体“进化”成小微企业，它实际上是利益共同体的再升级版。海尔集团总裁周云杰认为：

> 原来的利益共同体是虚拟核算，而小微变成了实实在在的独立核算，小微公司可以自主决策、分配资金、自主用人。小微企业模式相比前面自主经营体和利益共同体这两种组织模式更加灵活，有利于吸引全球一流人才、更好地设计创新孵化机制、吸引风投等。[3]

在海尔生态圈中，小微企业包括三类：转型小微、孵化小微和生态小微。每类小微企业的主要特征见表 3-1。

表3-1 海尔生态体系中小微企业的分类及核心特征

小微企业类型	核心特征
转型小微	由海尔原来的业务转型升级为独立小微企业，这类小微企业既包含独立注册的法人实体企业，也有未注册的自主经营单位，两者都是独立核算。对于独立注册的小微企业，海尔通常持有较大的股权比例。
孵化小微	由海尔员工或者外部创业者利用海尔平台新创立的创业企业，这些企业都是独立注册的法人实体企业，海尔持有一定股权，但通常股权比例相对较小。
生态小微	海尔平台赋能的创业企业，这类创业企业基本都是独立注册的法人实体企业，它们属于海尔的生态伙伴，海尔通常不持有股权。

下面，我用具体案例来逐一解释这三种不同类型的小微企业。

海尔生物是海尔生态系统中转型小微的代表企业。这家公司成立于 2005 年，最初的业务聚焦于医用低温科技产品，包含生物医疗低温存储设备的研发、生产和销售，核心产品是低温冰箱。2014 年，海尔生物进行股权调整，引入外部投资者，成为转型小微的试点。

同时，公司在战略上转型为“基于物联网转型的生物科技综合解决方案服务商”，并致力于为用户提供场景价值。其核心业务包括为生物样本库、血液安全、疫苗安全、药品及试剂安全等场景提供低温存储解决方案；并率先进行物联网技术融合创新，围绕以上场景痛点提供物联网生物科技综合解决方案。2019 年 10 月 25 日，海尔生物医疗在科创板挂牌上市，它被视为科创板第一支物联网科技生态概念股，上市首日大涨 96%。截止到 2020 年 6 月 30 日，海尔生物的市值约为 170 亿元人民币。

海尔生态系统中孵化小微的代表企业是雷神科技，其创始人路凯林曾任海尔电脑笔记本事业部总经理。2013 年，传统电脑笔记本业务遭遇寒冬，路凯林带领团队通过对市场环境的深入研究，聚焦用户痛点，发现许多爱好打游戏的人都苦于没有一款好的硬件设备，路凯林敏锐地意识到，游戏笔记本将是一个机会巨大的细分市场。发现创业机会之后，路凯林等人便从海尔辞职，开始在海尔平台上创业，于 2014 年 4 月成立雷神科技公司，这家公司成为海尔生态系统中的孵化小微。公司最初的业务聚焦于游戏笔记本设计、研发和销售。经过三年多的发展，公司成为集电竞硬件、游戏电竞娱乐产业、游戏玩家一站式服务平台为一体的游戏共创平台。2017 年 1 月 15 日，雷神科技在新三板挂牌上市，被称为“游戏生态第一股”。目前，雷神科技的使命是建立游戏生态系统，致力于让每一个玩家都能拥有极致的游戏体验。

成立于 2016 年的滇云蜜语生物科技公司是云南西双版纳州的一家蜂蜜生产企业，如今已经成为海尔生态系统中的一家生态小微。在蜂蜜产业中，由于蜜源地品质不一，蜂蜜采收、生产管理标准不一，蜂蜜产品优质不优价，消费者对蜂蜜的真假和品质存疑，产品信任度低，这是长期以来一直困扰滇云蜜语等蜂蜜企业发展的问题。2019 年，滇云蜜语开始与海尔卡奥斯平台旗下的农业子平台海优禾合作，共同打造蜂蜜物联网数字化管理基地，严格监测蜜源地环境质量，实现全产业链管控、全程溯源。海优禾平台将应用在工业领域的物联网、云计算、人工智能等底层技术嫁接到农业管理平台，通过架设在蜜源地的传感器，实时监测温湿度、二氧化碳浓度、空气质量、农药残留等环境情况，再加上卫星遥感监测技术，实时确定蜜源地的地块位置，形成大数据一张图。这样一来，平台可以掌握蜜源地信息、蜂箱位置、蜂蜜质量，在实现产品溯源的同时，可以根据气象数据分析进行花期预测、灾害预警、产量预估，把控蜂蜜产品生产全流程。海优禾的工业互联网解决方案让滇云蜜语综合管理效率提升 20%，损失减少 14%。2019 年签约当年，滇云蜜语带动当地蜂农 7 566 人，户均增收 4 716 元。

如今，已经有超过 4 000 个小微企业栖息、生存在海尔的生态系统之中，这些小微企业会围绕满足用户不同的需求动态地组成不同的小微链群。按照海尔的黑海战略，海尔集团不断转型为平台生态企业，而这数千个小微企业则是海尔平台生态中创造价值的最基本单位，海尔黑海战略的使命是利用平台的力量赋能每一家小微企业，为用户持续创造价值。

小微链群：创造“场景价值”的动态价值网络

在一个敏捷生态系统中，动态的价值网络是生态系统的重要组成部分，单一的小微企业无法满足用户的需求，因为，大多数的小微企业是专业化企业，聚焦于相对单一的产品或者服务，提供的是产品价值。竞争战略的本质是为用户持续创造价值，蓝海战略主要聚焦于利用产品为用户创造价值，即产品是价值的载体，价值的核心是性价比。而海尔实施的黑海战略，核心是通过提供场景解决方案为用户创造价值，即场景是价值的载体，价值的核心是用户体验。

海尔生态系统创造价值的新方式是利用由小微企业组成的链群创造场景生态价值，若干小微企业围绕用户价值自发组成了不同的生态链小微群（简称为链群），它本质上是为用户创造价值的动态价值网络。

2019 年，海尔开始探索通过链群机制为用户创造价值，在海尔的敏捷前台中，小微企业自发组成的链群成为为用户创造价值的价值网络。每个链群都要创建与社群对应的生态圈，实现利益攸关方的增值分享。链群是开放的、动态的和共创共赢的，这既可以改变以往小微间的各自为政，也可以通过创建与社群对应的生态圈，将彼此独立、专业化的小微企业因满足用户体验的需求并联起来。

在海尔的生态系统中，链群分为两大类：体验链群和创单链群。其中，体验链群主要是指与用户直接交互的小微企业，创单链群是指研发、制造等小微企业。两类链群的目标是一致的，即创造用户体验迭代，在此目标的驱动下，两个链群不断融合，共同形成一个满足用户场景体验需求的生态圈。

图 3-3 展示了围绕用户某一场景价值形成的两大链群以及相关的小微企业。当然，如果用户场景价值不同，其组成的小微企业是不同的，这正体现了链群的动态性特征。下面，我用一个案例来解释一下这两个链群如何为用户创造价值。

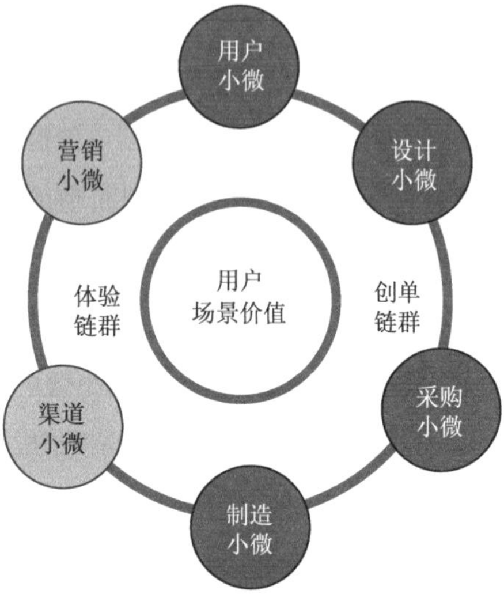

图3-3　基于用户场景价值的链群网络

2019 年 5 月 19 日，在海尔智家体验云平台上，“先行者”系列空调开始首发预售。仅仅在一天之内，该系列空调的预售量就突破了 12 万台，销售额近 5 亿元，创下空调业新品首发当日最大预订量。这是海尔智家产业全流程多个小微企业并联组成链群后共同引爆的一款产品，每个小微企业都发挥了独特的价值。[4]

“先行者”空调之所以能够成为用户喜爱的爆款产品，是因为这款产品是用户真正想要的空调。其中用户小微功不可没，它是创单链群、体验链群协同创造价值的协调者。用户小微的小微主雷永锋还承担了链群主的角色。由于链群是个动态的价值网络，链群主也是个虚拟的头衔，其核心职责是协同链群中的各个小微企业为用户创造价值。

对用户需求的识别和发现源于与用户的持续交互，用户小微的创客利用海尔智家体验云平台上的“需求宝”与潜在用户时时进行交互。需求宝是一套集用户需求、创意、方案于一体的共创、共享、共赢的云系统，它是创客与用户精准交互需求的桥梁，创客通过这套云系统捕捉、集成、分析用户需求，将有价值的需求快速甄别出来。事实上，“先行者”空调的创意就是来自网友在需求宝平台上的抱怨、吐槽，比如一些网友抱怨市场上低能耗的空调不能自清洁，有自清洁功能的空调又费电，而且价格也高。

雷永锋等人敏锐地意识到，用户真正想要的是一款集低能耗和自清洁于一体且价格更实惠的空调。但雷永锋也意识到发现需求和满足需求是两码事，要想生产低能耗、自清洁、价格低的空调绝非易事，如果没有全流程的高效协同，是无法实现的。秉持用户价值第一的思维，用户小微的创客对市场上的空调进行了认真调研，发现 1 级能效的空调价格在 3 200 至 3 300 元之间，但有一些附加功能不实用，而 3 级能效的空调价格则在 2 299 元左右。相对而言，2 级能效空调的销售情况并不好，因为用户要么多花一些钱买更节能的 1 级能效空调，要么少花钱买能耗相对较高但更便宜的 3 级能效空调。[5]

经过多方论证后，雷永锋等人决定设计一款能够引爆用户需求的爆款产品。他给出了一幅清晰的产品定位画像：能耗低、自清洁、价格更实惠，并最终决定将价格定在 2 999 元。这比市场上的 1 级能效空调价格整整低了将近 300 元，同时取消了不实惠的功能。在我对雷永锋的访谈中，他一直强调这并不是打价格战，而是打一场价值战，如果不能为用户提供物超所值的产品，就不可能设计出爆款产品。

确定了产品的定位后，摆在雷永锋面前的一个关键问题是：如何能够在产品价格下降的同时，还能保持高盈利？显然，这需要全流程降低成本，但问题是，在利润微薄的家电产业，各个环节的利润都比较薄，成本降低的空间非常有限。雷永锋将设计、营销、采购、制造、物流、渠道等小微企业协同起来，共同商议解决方案，最终确定了“量价对赌”机制，其核心是通过销售量的提升来降低产品的全流程成本，然后各个小微进行增值分享。

确定了同一目标后，创单链群和体验链群的小微企业快速行动起来，围绕着用户价值来设计产品和解决方案，同时，也让用户全流程参与产品的定制与开发。比如，设计小微的创客认为健康、节能是用户最根本的产品需求，于是在产品设计和开发时突出强调“先行者”空调在健康和节能方面的优势。比如，在自清洁方面，空调采用专利自清洁技术，仅需21分钟就能洗净蒸发器，保障空调吹出干净的风；在节能方面，“先行者”空调采用领先的变频技术，比不带自清洁的2级能效空调更省电。

在产品预售环节，用户小微和营销小微利用顺逛平台与用户持续进行交互，比如，创客们发起“风干了SHOW”挑战赛，挑战赛发布仅3天，话题参与量就超过了500万，其中一位用户发布的“海尔自清洁空调风干牛肉干”的视频单条观看量突破了17万。在内容营销上，用户小微还提出了“空调会洗澡”等话题激发用户参与讨论，持续的交互让“先行者”空调的自清洁功能在用户心中积累了良好的口碑，刺激了产品的热销。

最终，从识别需求到产品上市，历时两个月，海尔为用户定制出了“先行者”空调，将用户想要的变成了用户买到的。由于用户全流程参与了产品的开发、设计，“先行者“空调完全是个性化定制的产品，制造小微生产产品时，每一台在生产线上的空调都已经有了它的“主人”，这对制造小微而言意义重大，产品实现了零库存。

交互两个月，预售 7 天，那么从“先行者”空调发布到真正进入用户家庭，又需要多长时间呢？答案是 3 小时。当用户下单之后，物流、渠道等体验链群的小微企业便快速自发行动起来，海尔采取的是送装一体化模式，特别强调“闪电送货到家”“三小时内送达”等极致体验。雷永锋告诉我，即买、即送、即装不仅是一种极致体验，更是一种核心优势：

> 用户在夏天热的时候，一刻都不愿意多等，下了单就希望赶快把空调装上。海尔的送装一体化模式就显出了竞争优势，快速配送、快速安装、快速服务就能够给用户最极致的服务体验。

从“先行者”空调案例可以看出，海尔链群模式的本质是围绕着用户场景持续创造价值。我认为，在万物互联时代，场景将成为企业之间竞争的焦点，企业的竞争战略需要从产品竞争升级为场景竞争，否则，很难在万物互联时代获得持续的竞争优势。基于产品价值的蓝海战略和基于场景价值的黑海战略，它们背后是不同的竞争战略逻辑，企业要实现这一转型可遵循 4 个主要步骤。

第一步，识别用户的角色与价值诉求点。制定竞争战略首先需要明确企业的用户到底是谁，采用产品战略的企业往往聚焦于某一类用户的某一个需求，而采取场景战略的企业则不同，它关注的不是用户的单一需求，而是用户的场景价值需求。任何一个场景都包含不同的角色，这些角色之间形成了复杂的关系。企业需要识别出用户的痛点，找到价值诉求点，最终形成满足用户场景的价值组合。比如，“先行者”空调就满足了用户对省电、自清洁、省钱的需求。

第二步，设计用户沉浸式参与模式，创造个性化体验。在一个场景中，有两种互动关系，首先是人与人之间的互动，其次是人与环境的互动。在互动中产生情感体验，从而让用户沉浸在场景之中，这就需要企业提高场景中的连接能力。张瑞敏认为，物联网的本质是“人联网”，如果不能把人的情感连接起来，物联网便是无的放矢。

第三步，构建价值生态网络，为用户持续创造价值。在一个场景中，用户群的价值需求是多元的，任何一个小微企业都很难单独满足用户群的价值诉求。海尔的战略是利用小微链群去满足用户群的价值，而小微链群的背后连接的是更多的生态伙伴，从而形成了基于用户群价值的生态网络。

第四步，设计价值分享机制。商业模式的核心除了价值创造之外，另一个核心就是价值的分享。企业需要立足于价值生态网络，设计价值生态伙伴之间的契约机制。

总之，在万物互联时代，竞争力的基础是用户体验。海尔打造了一个以用户需求、用户体验为中心，以产销合一为目标的生态型商业模式，依托庞大的触点网络，通过持续交互，精准抓取用户需求，凭借由小微并联而成、全流程自驱动的生态链小微群，以及丰富的生态资源方，迅速满足用户个性化需求，让用户体验迭代与制造间的距离不断趋近于零，实现爆款不断自涌现。正如张瑞敏所言：

“物联网”是移动互联网之后下一个最重大的经济活动。物联网时代和移动互联网时代有非常大的不同，它是情景感知的、个性化定制的体验迭代，物联网催生的商业模式范式一定会很快出现并取代传统的商业模式。……创建链群生态机制是为了解决两个吸引力问题。第一个是外部吸引力，即用户吸引力：体验经济以用户个性化需求为中心，要解决用户痛点，成为用户首选才能吸引大量用户，利用链群所对应的社群实现用户体验迭代，全流程、全方案满足用户的个性化需求；第二个是内部吸引力，即对各攸关方的吸引力。

在链群组织模式下，海尔生态系统中的用户、设计、制造、营销、物流、渠道等全流程各环节的小微企业打破了壁垒，在同一目标的指引下，形成合力共同满足用户需求，这意味着，从企划、研发到制造，再到销售的传统筒仓模式变革为小微企业并联的链群生态模式。

超级细胞，超级活力

2006年以来，我已经跟踪研究海尔变革长达14年时间。我越来越领悟到企业需要在控制和敏捷之间寻找一种平衡，过分的控制只能把企业推向失败，因为控制会扼杀创造性和敏捷性，而企业持续成长的动力恰恰来源于敏捷的适应能力和创造能力。

基于黑海战略，海尔构建敏捷前台的战略目的是让组织小型化，利用小组织的快速反应能力来满足用户快速变化的需求。这些小型组织就像一个个超级细胞一样，拥有超级活力。

有意思的是，世界上就有一家公司叫作“超级细胞”（Supercell）。

这家公司的总部设在芬兰首都赫尔辛基，它的愿景是让全世界每个人都能体验游戏的快乐。Supercell 成立于 2010 年，是游戏开发行业的一个奇葩，从创立到现在，只开发了《部落冲突》(*Clash of Clans*)、《海岛奇兵》(*Boom Beach*)、《卡通农场》(*Hay Day*)、《皇室战争》(*Clash Royale*)、《荒野乱斗》(*Brawl Stars*) 这 5 款游戏，但是，每一款游戏都大获成功。2016 年 6 月，腾讯控股和其他共同投资者组成的财团以 86 亿美元收购了 Supercell 84.3% 的股权，后者估值高达 102 亿美元。

Supercell 是一家极富效率的创业企业，截止到 2019 年年底，共有来自 30 多个国家的 315 位员工，这家公司的人均价值创造能力很强。Supercell 在 2018 年的收入达到了 16 亿美元，税前利润更是高达 6.35 亿美元，人均营业收入超过了 500 万美元!

为什么 Supercell 公司能够大获成功? 它的战略是激发小型创意团队的活力来设计、制造爆款游戏，并耐心寻找最佳的上市时机。《卡通农场》、《部落冲突》、《海岛奇兵》以及《皇室战争》等每款游戏都创造了累计超过 10 亿美元的收入。《部落冲突》和《皇室战争》这两款游戏的累计销售额更是超过了 100 亿美元。2018 年 12 月 12 日全球上线的《荒野乱斗》在两个月内收入就超过了 1 亿美元。[6]

Supercell 的商业模式也很独特，它开发的所有游戏都是免费下载的，它的商业模式是通过出售帮助玩家进行技能升级的虚拟商品而赢利。在一次演讲中，Supercell 联合创始人兼 CEO 埃卡 · 潘纳宁 (Ilkka Paananen) 介绍了公司成功的原因，他认为主要归功于三点：运气、国际化团队和文化环境。

> 我觉得我们开发出了合适类型的游戏，正好又碰上了正确的时间，所以我们是非常幸运的，我也为此非常感激。[7]

显然，Supercell 的成功绝对不仅仅靠运气和时机。我认为它的国际化团队和公司的组织模式是其成功的重要因素。Supercell 不仅拥有非常国际化的游戏开发团队，更是创造了一种独特的团队运作模式。该公司采用的是倒三角组织结构，海尔也曾经实行过这种倒三角组织结构。在这种结构中，一线开发团队在顶端，CEO 及其高管团队在底端。公司的开发人员组成了若干个小团队（内部称之为 cell），每个“细胞”大约有 10~17 个游戏开发人员，每个团队都有自己独特的工作方式，他们是决策者，CEO 等管理团队是支持者、赋能者，所以，埃卡 · 潘纳宁称自己是全球最没有权力的 CEO，他的任务就是培养创新和冒险的文化环境并给开发团队提供资源支持。

> 根据市场需求，开发人员时常会有些疯狂的想法。如果他们将这些想法付诸实践，运气好的时候，我们就能创造出非常爆款的游戏。……冒险不会带来失败，反而是不敢冒险才会。因此我们鼓励创新，鼓励冒险。

在 Supercell 内部，各个创新团队会独立开发游戏，相互竞争。事实上，在开发《皇室战争》的两年多时间里，公司一共开发了 10 款游戏，其中 9 款游戏都没有上市，最终《皇室战争》这款游戏脱颖而出，并取得了巨大的成功。

Supercell 公司设计这种组织结构的目的是培养创新型文化，充分给一线团队的成员授权，让最优秀的人集中精力开发最精彩的游戏。正如公司服务主管萨米·于利哈留所言：

> 创建 Supercell 时，创始人希望打造一家这样的公司，即用最优秀的人制作最精彩的游戏。专为移动设备而设计，使开发人员能够专注于为游戏玩家打造最佳体验，并且这对在小型开发团队中工作也有帮助。每个游戏团队都各有特色，但通常都包括一个主管、一个游戏设计师、一个游戏测试师、一个服务工程师和一个游戏程序员。技术支持团队的规模相似，但具有不同的结构，具体取决于他们的职责。

为了开发出爆款产品，每一个“细胞”不仅需要易于使用、功能强大且可靠的云计算服务，还需要一系列满足其大批量游戏性能、可扩展和快速增长要求的服务，这就需要 Supercell 公司提供强大的平台能力，在微软公司的协助下，Supercell 构建了一个强大的基础设施平台赋能“细胞”，让每一个“细胞”聚焦于设计游戏产品。[8]

显然，如果没有强大平台的支持，“超级细胞”就不会拥有“超级活力”。海尔敏捷前台中的小微企业就像是一个个“超级细胞”，它们的活力也正是源于其背后平台能力的支持。在接下来的一章，我将开始分析海尔如何构建强大的中台，以赋能小微企业快速、敏捷地为用户创造价值。

第4章

海创汇：全球创业者的“加速器平台”

经济兴盛与繁荣的源泉是现代价值观，例如，参与创造、探索和迎接挑战的愿望。现代价值观点燃了实现广泛的自主创新必需的草根经济活力。大多数创新并不是亨利·福特那样孤独的梦想家带来的，而是由千百万普通人共同推动的，他们有自由的权利去构思、开发和推广新产品与新工艺，或对现状进行改进，正是这种大众参与的创新带来了大众的繁荣与兴盛。

——2006 年诺贝尔经济学奖获得者　埃德蒙·费尔普斯

在《大繁荣——大众创新如何带来国家繁荣》一书中，诺贝尔经济学奖获得者埃德蒙·费尔普斯分析了为什么在19世纪一些国家实现了繁荣。这些国家的民众实现了工资的大幅提高，市场就业岗位大量增加，工作满意度普遍提升。又是什么原因导致这其中的许多国家在20世纪失去了繁荣？费尔普斯认为，国家繁荣的核心是人们生活的兴盛：对事业的投入，迎接挑战，自我实现，和个人成长。尽管获得收入可以带来兴盛，但收入本身不属于生活的兴盛。人生的兴盛来自新体验：新环境、新问题、新观察，以及从中激发出来并分享给他人的新创意。与之类似，国家层面的繁荣（大众的兴盛）源自民众对创新过程的普遍参与，它涉及新工艺和新产品的构思、开发与普及，是深入草根阶层的自主创新。[1]

同样，一个商业生态系统的繁荣、兴盛，也与生态系统中合作伙伴产生的新创意和创业活力有关，这种创新精神和创业活力可能被制度激发或增强，也可能被约束或削弱，而仅仅依赖制度是不能创造活力的，大众的创新精神和创业活力还要由正确的价值观来激发，并提供相应的赋能支持。我在第 3 章解释了海尔的“平台 + 小微企业”模式，毫无疑问，海尔的黑海战略能否得到有效执行，其商业生态是否可以繁荣昌盛，主要取决于数量众多的小微创业企业能否茁壮成长。小微企业的繁荣将促进整个生态系统的繁荣。然而，一个残酷的现实是，创业的成功概率并不高，无限创业激情的背后暗藏无穷的心酸与风险，如果得不到强有力的支持，许多创业企业会以失败告终。

为了提高创业公司的成功概率，生态企业通常利用创业孵化器为新创企业提供支持和赋能。通常有两种做法:（1）自己成立创业孵化器;（2）与外部创业孵化器结成战略联盟。海尔选择了前者，成立了自己的孵化器：海创汇。海创汇的战略定位是：全球创业者的加速器平台，其本质是海尔生态系统中的创业平台，以“产业 + 导师 + 资本”的模式赋能创业企业。数据显示，大多数创业企业会在 A 轮融资前倒下，即便在一些知名的创业平台上，能熬到 A 轮的企业也不足 10%。而在海创汇创业平台上，从天使轮到 A 轮的创业孵化成功率高达 48%，成功率是行业的 5 倍。目前海创汇平台已累计培育 2 家上市公司，5 个独角兽企业，22 家瞪羚企业，加速项目 300 多个，总估值超过 1 200 亿元。[2]

为什么海创汇的孵化成功概率相对较高？它在海尔的生态系统中又扮演了什么角色？在这一章，我将解释海创汇的战略演变、战略定位和赋能模式。最后，我会讨论其他企业如何利用创业孵化器实施黑海战略，构建平台生态系统。

海创汇的战略演变

海创汇成立于 2014 年 5 月，当时海尔正在大力推广和实施“人人是创客”“人人都是 CEO”等理念，并在战略上向创业平台企业转型。海尔将员工分成了两类：在册员工和在线员工。前者是海尔的正式员工，属于雇员身份，与海尔签订雇佣合同；后者和海尔脱离了雇佣关系，成为独立创业的创客。在“大众创业、万众创新”氛围的感召下，海尔有一批员工选择在海尔平台上“在线创业”，由“在册员工”变成了“在线员工”。

正是在这样的转型背景下，海创汇诞生了。它在当时的战略定位就是帮助海尔的在线员工独立创业，是海尔为员工自主创业专门创设的支持平台。当时，海创汇为创业者提供了广泛的支持，只要创业者发现了市场机会，哪怕没有具体的方案，海创汇也会支持这些创业者的创业计划。早期相对宽松的创业政策吸引了不少在线员工带着他们的创业计划加入海创汇的平台上。应当说，海创汇为鼓励更多的在册员工转型为在线员工，提供了很大的支持，推动了海尔集团整体从产品型企业向创业平台企业转型。

我在第 3 章提到的雷神科技就是在海创汇平台上成长起来的一家创业公司。路凯林等 3 位创始人都曾经是海尔的在册员工，后来在海尔平台上创立小微企业，其身份也转化为在线员工。雷神科技在其发展过程中得到了海创汇的赋能，成长速度很快，这家公司从最初的研发游戏本电脑到研发电竞全场景硬件，如今已拓展到布局电竞赛事、电竞酒店、电竞教育、电竞场馆等电竞全产业链生态，成为国内电竞硬件第一品牌。

由于海尔自身拥有庞大的产业资源，海创汇把海尔的核心资源，比如供应链、研发、渠道等逐步开放给创业者，这使得创业项目得到了快速成长，有效地帮助创业者跨越了创业死亡谷，在其平台上孵化的创业项目成功率相对较高。

随着海创汇平台赋能的能力不断增强，平台的开放性也越来越高。海创汇开始探索把孵化和加速的视角转移到海尔集团外部的创业企业，尤其是从2017年开始，海创汇不仅赋能海尔的在线员工创业，也吸引社会上的创业者到平台上创业。我在海创汇调研时，发现在海创汇的平台上共汇聚了30多种创业服务资源，涵盖了研发、设计、生产、供应链、渠道、创投等全产业链条，可以根据创业项目所在的阶段、产业和需求精准赋能。

依托海尔独特的产业资源优势及不同地区的区域优势，海创汇聚焦智慧生活的前沿产业领域，在全国各地形成了多个产业集聚区。譬如，青岛聚焦区块链、生物科技和人工智能，上海聚焦智能制造，合肥聚焦人工智能，长春聚焦车联网等。目前海创汇已在北京、上海、青岛、武汉、天津、合肥、杭州等全国18座创新热点城市布局了28个加速器，吸引来自人工智能、区块链、智能制造、金融科技、工业互联网等15个行业的超过4 000个项目入驻，其中高新技术企业超过120家，产业加速生态圈正在形成。

由于产业资源丰富，在海创汇平台上创业的企业不仅可以获得快速成长的机会，也能够快速提高估值，吸引更多的投资者。成立于2016年的易冲无线是一家创业型科技公司，其研发的无线充电芯片与解决方案市场潜力巨大。这家公司的创始团队成员大都是从国外回国创业，尽管团队在无线电领域的技术研发实力很强，但客户资源相对匮乏，产品销售是个大问题。2017 年，海创汇发现了这家很有潜力的创业公司，不仅直接投资易冲无线 2 000 万元，而且帮助易冲无线对接海尔的内部产业资源方舟科技（海尔无线），后者独家优先采用易冲无线充电芯片及解决方案，用来开发无线充电产品，以实现产品的定制化，而易冲无线也可以配合方舟科技的产品需求，在产品上市前后提供技术支持，从而让双方建立了共赢、共生的关系。海创汇通过将易冲无线、方舟科技两方资源对接，不仅让双方的产业链得到了强化，而且提升了易冲无线的估值，其估值迅速从 3.7 亿元增长至 9.8 亿元。

随着海尔生态系统的不断扩大，海创汇对创客的界定范围也进一步扩大。海创汇开始推动“创业创新的全球化”，开始探索为全球创客赋能，并将自身的战略定位调整为“全球创业者的加速器平台”。我曾经多次访谈过海创汇平台的总经理刘长文，他告诉我：

> “全球”标征着海创汇的服务范围面向全球创客，“平台”意味着海创汇承载着开放、无边界的资源汇聚，“加速器”则意味着通过全球创新资源全方位、无障碍的引入，海创汇将实现对创业全流程的资源支持。……海创汇作为海尔集团五大创新平台之一，在大企业“制造产品”到“孵化创客”的转型道路上，通过整合激活全社会的创新资源，帮助创业公司成长。海创汇面向的不仅是海尔内部小微，更是面向全社会，面向全球的创客。

目前，海创汇已经将孵化与加速的触角拓展到以色列、德国、芬兰、日本、加拿大、美国、俄罗斯、英国、瑞典等全球 11 个国家，在全球 28 个城市布局了 40 个加速器，聚合了 212 名全球创业导师，它的目标是让全球一流创业资源无障碍地进入平台。海创汇在以色列成为唯一一个非本土的国家授牌孵化器，并建立了中以跨境创新创业生态联盟，帮助近 200 个项目在平台上加速。比如，一家以色列的创业企业研发推出了穿墙透视仪 Walabot，通过该款产品可以“看”到墙壁里的金属、水管，安装时不至于破坏水管。但是这种高科技产品成本比较高，海创汇帮助其在中国整合供应链，使生产成本降低了三分之一左右，大大提高了产品的竞争力。目前，这个新产品不仅在海外市场卖得不错，还在海创汇的赋能下进入了中国市场。

“双模”加速模式

与许多创业孵化器不同，作为创业企业的加速器平台，海创汇的核心不是物理空间，而是产业资源。海创汇通过共享产业资源，即利用产业资源这个“根”赋能创业企业，以提高创业成功率，帮助创业项目快速成长。在一次访谈中，海尔总裁周云杰给我诠释了“有根创业”这一概念，并指出大企业平台应该成为“有根创业者”的沃土。

> 海创汇是一个开放的共享创业平台。第一，这个平台不是出企业家的，而是出创业家的，它是永远有创业精神的创业家平台。第二，海创汇不是一个项目的孵化器，而是一个产业的加速器。海创汇嫁接了海尔的供应链资源、研发资源、渠道资源、

物流资源、服务资源，因此才能够提高创业的成功率，才能够让“草根创业”变成“有根创业”。海创汇给创业公司提供的产业资源越多，就越能吸引创业公司到平台上来创业，愿意到平台上的创业公司越多，就越能够筛选到更优质的创业企业，从而形成一个正循环。……未来，大企业平台将成为有根创业的沃土。

根深才能叶茂。正是有了产业资源的“根”，创业企业才更有机会快速成长，度过创业死亡谷。在快速对接产业资源方面，海创汇采取的模式是双向对接资源，即帮助海尔外部的小微企业对接海尔的产业资源，比如帮助易冲无线对接海尔的方舟科技；也帮助海尔的小微企业对接外部的产业资源，比如协同雷神科技对接外部的产业资源。海创汇将这种双向赋能、双向孵化的模式称为“双模加速”（图 4-1）。

图4-1　海创汇双模加速模式

从本质上来说，双模加速是大企业与创业企业之间双向驱动加速、相互协同创新的加速模式。这种模式依托开放性强的大企业平台，实现大企业核心优势资源赋能创业企业，同时创业企业也反向驱动大企业的创新与变革，丰富大企业的生态系统。

比如，涂鸦智能与海尔的生态合作就是典型的双模加速案例。涂鸦智能成立于2014年，它的战略定位是融合人工智能与物联网，打造“AI+IoT”开发者平台，连接消费者、制造品牌、OEM（original equipment manufacturer，原始设备制造商）厂商和零售连锁的智能化需求，为客户提供一站式人工智能物联网的解决方案，其业务范围涵盖了硬件接入、云服务以及App开发三方面，形成人工智能+制造业的服务闭环。对于涂鸦智能来讲，如果能融入海尔的智慧生活生态圈，借助海尔产业资源的赋能无疑会帮助自身快速成长。而对于海尔而言，也需要借助涂鸦智能的技术来与其他智能设备进行互联互通。2019年12月，海尔智家与涂鸦智能在智慧家庭场景上进行生态合作，将海尔智家旗下智能产品与其他超9万款不同品牌与品类的智能产品互联互通，而且可用一个App轻松控制。同时，海尔也将智能生态中的智能产品引入海尔生态，并与涂鸦智能合作推出海尔定制产品，从而实现了“业务+市场”的融合。[3]

利用双模加速，海创汇的战略目标是实现共生、互生、再生的“三生”状态，通过“三生”体系推动各企业持续共享，裂变出“新物种”，最终让创业生态如热带雨林般生机盎然、生生不息。

> 我们旨在通过“三生”体系，通过持续共享，裂变出新物种，助力项目实现“蝶变”，最终让创业“热带雨林”呈现出生生不息的景象。

刘长文期望的一些“新物种”已经开始在海创汇平台上出现。

比如，海创汇平台上的普宙无人机项目在红外线测温方面有很大优势，这家公司与同在海创汇平台上创业的云世纪公司合作，双方共同研发出一款消防无人机。这款产品不仅可通过红外线监测火点，还可以投弹灭火。再如，华引芯科技公司原本生产高端 LED 芯片及光源供应商，经过海创汇的资源链接，这家公司研发出的紫外 LED 芯片被植入海尔品牌的果蔬机和饮水机中，使新产品拥有了杀菌功能。2020 年 4 月 10 日，海创汇战略投资了华引芯，推动后者深度布局紫外消毒及 Mini-LED 显示业务。

筛选创业项目的标准

对创业孵化器而言，提高创业企业的成功率，一个重要的前提是要有好的创业项目源，要能够筛选出有潜力的好项目。事实上，最近几年由于创业孵化器在各地盛行，数量众多，许多创业孵化器缺乏优质项目。

作为海尔生态系统中的创业平台，海创汇投资和孵化的创业项目与海尔的生态战略密切相关，尤其是在选择投资方向时紧紧围绕着“智慧生活”这一核心战略。海创汇的投资和孵化主要有三个方向：物联网（物联网技术 + 人工智能）、大健康（医疗设备 + 医疗服务）以及新能源和新材料。这三个产业领域也是海尔集团的产业方向。通过投资和孵化物联网产业中的一些创业企业，海创汇试图在物联网领域找到一些有潜力的科技企业，让它们加入海尔的商业生态系统之中，从而强化海尔在物联网产业的业务布局。

围绕着三大产业投资方向，海创汇制定了较为严格的创业企业筛选标准。第一，投资项目的标准首先是看方向，是不是符合海创汇的投资战略，除此之外，还要看这个项目未来的前景如何；第二，海创汇关注创业公司在细分市场上的竞争力，以及是否有机会成为细分行业的龙头；第三，关注创业项目与海尔产业的关联程度，以评估海尔的产业资源是否能够赋能创业企业迅速成长；第四，关注创业团队的创新力和竞争力，评估创业公司团队是否有做大做强的综合实力。

为了吸引全球创业项目加入海创汇，海创汇开发了“海创汇云”，它的定位是线上生态资源链接平台，主要包括交互云、数据云、资源云三大云平台。其中，交互云可通过路演、直播等线上交互方式形成各参与方共创的创业社群；数据云可通过对项目、创业者、创业资源等大数据的处理与分析，帮助创业者精准创业，为创业者精准加速；资源云可依托海尔丰富的产业资源，为创业者快速配置全球一流资源。

精准加速，精准赋能

赋能能力是一家创业孵化器的核心能力，海创汇通过“产业+导师+资本”模式为创业企业提供全方位赋能，进而实现创业项目全周期精准加速。

图 4-2 展示了海创汇的三大赋能能力：产业赋能、管理赋能和资本赋能。这三种赋能能力相互协同，相互促进。海创汇主张精准加速、精准赋能，所谓的“精准”就是准确地识别创业企业在不同的发展阶段需要解决的问题，即根据创业公司的生命周期进行精准

加速、精准赋能。

比如，在初创阶段，许多创业公司的商业模式并不明晰，这时候海创汇就会通过导师赋能来帮助创业企业解决战略定位、商业模式等问题。

当创业企业在成长过程中遇到生存困境时，海创汇依托海尔产业资源优势，提供渠道、订单、技术等方面的产业赋能，帮助创业企业跨越创业低谷期。比如，海创汇曾经帮助易冲无线获得了近 1 亿元的订单。

在加速成长阶段，海创汇通过资本赋能，帮助创业企业获得突破发展规模瓶颈所需的资金。

在成熟阶段，通过向创业企业提供智力资源、商业模式迭代模型、场景创新能力等赋能方案，助力其发现新机会，实现“二次起跑”。

图4-2　海创汇三大赋能能力

对大多数创业企业而言，资源匮乏是最大的挑战之一。海创汇最大的优势之一就是利用资源赋能创业企业。除了产业资源，海创汇还把海尔平台上的共享资源和全球资源对接给创业企业。其中，共享资源主要包括财务共享、法务共享、人力共享、IT 共享等；全球资源则指海尔的海外网络渠道等资源，利用海尔拥有的全球资源，海创汇可以帮助创业者建立全球品牌。

比如，估值高达20亿元的新能源汽车创业企业“优品车”就是资源赋能的受益者之一。海创汇利用海尔在全球布局的平台资源，帮助优品车通过达沃斯经济论坛对接海外政府和企业，帮助其建立非洲新能源汽车工厂，并与全球第三大轮胎企业印度Apollo公司合作，共建汽车总装厂。同样，海创汇也可以赋能全球创业者到中国创业，比如，海创汇通过平台资源吸引德国的公司来平台上创业，并通过物流、渠道、研发等资源的开放，将尚屋科技在国际上领先的等离子净化技术转化为空气净化器产品，销售额从0提升到1亿元。

为了加强资本赋能，海创汇设立海创汇基金。该基金主要包括种子基金与风投基金，强调“生态投资”理念，聚焦投资医疗大健康、物联网、新材料等与海尔产业生态相关的初创企业，总规模约10亿元。

除了精准赋能、精准加速之外，海创汇还为创业企业提供了“一站式孵化解决方案”，让创客享受一站式服务。海创汇不仅精心设计了创客服务、创客工厂、创客金融、创客学院、创客空间和创客渠道六大功能，而且为创客们搭建了创业服务线上平台，创客们可以通过“一键式”操作直接联系到各类服务资源，非常便捷。这些资源服务商并不属于海创汇，而是海创汇整合的外部合作伙伴。凡是通过海创汇认证的资源供应方，会获得一个“荐”字，表示这家资源服务商通过了海创汇平台的认证，服务有保障。资源服务商之间需要通过竞争才能获得创客们的订单。

海创汇还与创业企业共同设立实验室来对接生态资源，研究用户最新需求，帮助创业企业将先进的技术转化为能够为用户创造价值的产品。比如，海创汇与衣联网共创的“云裳衣联网生态实验室”，与海尔生物医疗和青岛生物科技创新园合作成立了“生物科技生态实验室”，这些实验室不仅仅研究产品、技术，更重要的是研究用户，研究应用场景。

走出创业的窘境

尽管创业孵化器在国内的兴起只是最近十几年的事情，但是创业孵化器的历史已经很悠久了。据说，第一家创业孵化器成立于 1959 年，诞生于美国的纽约。创业孵化器的出现，推动了中小型创业企业，尤其是那些高科技公司的快速成长。随着 20 世纪七八十年代以微电子、新型材料和生物工程为支柱的一系列最新科学技术的突破和应用，全世界范围内进入科技革命高潮，小微企业成为技术创新的核心力量，借助孵化器将最新科技成果快速商业化落地，形成经济社会发展的全新增长极。[4]

毋庸置疑，在新技术快速发展的今天，创业孵化器对企业的战略成长，尤其是对那些向生态企业转型的大型企业而言至关重要，它不仅可以有效地帮助企业完善核心业务的产业生态，还可能避免新技术的出现对核心业务带来的颠覆。

在《创新者的窘境》一书中，克莱顿 · 克里斯坦森区分了两种创新：持续式创新（sustaining innovation）和颠覆式创新（disruptive innovation）。前者聚焦于围绕企业当前的核心业务进行创新，后者则主要是因为新技术的突然出现而带来的新模式。克里斯坦森发现，如果新兴公司掌握了某种能打破现存发展模式的新发明、新技术，就可以打败几乎任何一家大公司，这就意味着颠覆式创新往往会给大型企业带来灭顶之灾，因为这些大型公司拥有的流程、资源和模式一直推动着企业做“最应该做的事情”：取悦当前最有价值的顾客。

企业管理者在投资决策、资源分配上取悦最有价值的顾客似乎是理所当然的事情，因为如果企业的创新模式、资源配置不能满足顾客的需要，这个企业就无法生存。这就使得管理者陷入了创新的困境：他们既需要设计一套完善的制度来扼杀不能满足顾客价值的创意，又需要设计一套新机制来培育和投资顾客不感兴趣、赢利机会很小的突破性技术。这其中暗含着管理者的两大任务：一方面是要保证企业短期内的健康成长；另一方面，还要调配资源，关注和投资那些可能带来未来增长的突破性技术。

现实是，在任何一家大型企业之中，由于业绩的压力，管理者都倾向于将主要的精力、优质的资源配置给核心业务，因为保证公司能够成长和赢利是管理者的首要目标。对管理者而言，要想平衡或者兼顾持续性创新和突破性创新这两种创新模式，几乎是不可能完成的任务。

如何破解这种创新困境？克里斯坦森给出的方案是，管理者在核心业务之外建立一个自组织，即组建一个围绕突破性技术的新的独立事业部门，这种新的独立组织，不受主流业务顾客需求的左右，因此可以有效探索新技术催生的新业务。[5]

除了克里斯坦森给出的上述方案，我发现大企业通过成立创业孵化器来孵化投资创新型科技企业更有利于企业走出创新窘境。相对于企业自己成立独立的事业部来投资突破性技术，创业孵化器更能够帮助企业在更广的范围内、更深的领域，搜寻、发现、投资突破性技术。

创业孵化器除了能够帮助大企业敏捷地识别颠覆式创新的新技术之外，还能够推动大企业的内部创业。对大企业而言，阻碍其成长的一个障碍是内部创业精神不足，流程的固化、权力结构的僵化，常常让大企业变得越来越笨重，难以在快速变化的环境中获得竞争优势。

利用创业孵化器，为员工内部创业构建一个支持平台，将有助于激发内部员工的创业激情，减少创业的失败率，进而通过有活力的创业企业提升大企业整体的竞争力。在张瑞敏看来，大企业转型为创业平台是大势所趋，但是这一转型挑战很大，主要的挑战是需要重塑企业传统的权力结构。

> （内部创业）最大的好处是，很多的员工把自己的创业激情充分释放出来，而且他觉得可以真正来实现自身的价值。就像康德说的那句话：人是目的，不是工具。所以，你把人作为目的，你给他充分展示自身价值，这就是最高的一个境界。……大企业把自己变成内部的创业平台，真要这么做的话，其实真的很难。作为管理者，我必须首先放弃“三权”，就是决策权、用人权和分配权。每一个小微团队都有决策权，他们自己决定要干什么，他们也可以自己决定用谁不用谁，他们自己可以决定内部的薪酬怎么分配。一般的企业领导可能不舍得放弃这“三权”。[6]

按照内部创业 / 外部创业、内部产业 / 外部产业两个标准，我把创业孵化器分为四类（图 4-3）。

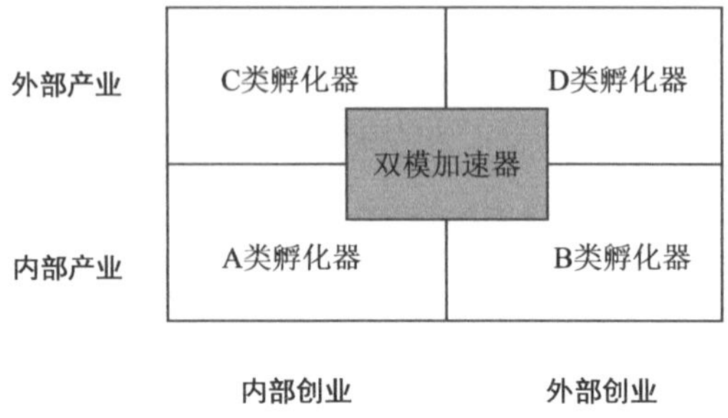

图4-3　创业孵化器的类型

A 类创业孵化器面向企业内部员工孵化创业企业，也主要为企业自己内部的产业服务。这类创业孵化器的开放程度不够，其主要目的是激发企业内部的创业氛围。

B 类创业孵化器面向外部创业者孵化创业企业，并将优质的外部创业公司与公司内部产业对接。这类创业孵化器的主要目的是搜寻、投资突破性技术，并将其整合到企业的产业链之中，强化产业的竞争力。

C 类创业孵化器面向内部员工孵化创业企业，并将内部的创业公司与外部产业积极对接。和 A 类创业孵化器一样，这类创业孵化器的目的是激发企业创业的激情。

D 类创业孵化器通常是独立的、专业化的孵化器，它们是产业与创业公司的连接平台。比如，在美国硅谷有一些专业性非常强的孵化器，它们分别和大量创业企业、大型企业建立了强有力的关系，既可以帮助创业企业对接大企业的产业资源，又可以帮助大型企业寻找符合自身投资方向的创业公司。

海创汇和以上四类创业孵化器都有所不同，它兼顾了内部创业 / 外部创业、内部产业 / 外部产业，其独创的双模加速模式的核心就是双向赋能、双向加速。一方面，它可以利用海尔的产业资源赋能内外部的创业企业，另一方面，也可以通过内外部的创业企业赋能海尔自身的产业，从而达到创业企业与产业之间的共生、共赢。

海创汇将自身定位为“全球创客的加速器平台”，这就要求海创汇必须提高平台快速配置资源的能力。海尔总裁周云杰认为，如果不能快速配置资源，平台就没有生命力。

> 平台一定是多边的，它一定是连接多边的资源方，而且一定是一个快速配置资源的框架。如果你的平台不能快速配置资源，那就不是一个好的平台。再一个，你的平台一定是基于价值共享的一个多方共赢、资源方蜂拥而至的平台。如果不具备这个模式，那这个平台是没有生命力的。[7]

在海尔构建的平台生态系统中，小微创业企业是主力军，每个小微企业都直面用户痛点，有着独特的商业模式，在某一个细分市场上为用户持续提供价值，成为这个细分市场上的专业化冠军，就像是德国的“隐形冠军”一样。海创汇承担着将每一个小微企业孵化成为专业化冠军的重任，这一重任极富挑战，因为成为冠军的道路充满艰辛，也充满偶然性。只有创业平台真正地站在创业企业的角度，塑造各种平台能力，精准赋能，才能够提高创业成功率。

如今，“大众创业，万众创新”的理念已深入人心，不少人选择了创业之路，创业者的激情常常令人感动，但需要注意的是，创业不仅要突破传统思维，也需要为承受失败做好准备。

> 我到硅谷去，常常被它的文化深深地感染。硅谷有句话叫“疯狂即正常”。如果所有的事你都认为是正常的，那你就不要创业了。要创业，你就要突破你的传统思维。我跟我们内部的人也说，硅谷有一个比喻非常好：什么叫创业？创业就是从悬崖上跳下来，在没有落地之前，装备好一架创业飞机并朝着你这个方向飞走。如果你没装备好，这架飞机就落地了，那只有摔得粉身碎骨。[8]

创业维艰，这是一个基本的共识。为了避免创业公司“摔得粉身碎骨”，海尔除了利用海创汇这一创业平台进行赋能之外，它还建设了其他平台共同赋能创业企业。在接下来的一章，我将聚焦于海尔的体验云平台，这一平台是海尔黑海战略体系中的一个核心平台，它为创业企业提供了另一种独特的赋能能力。

第5章

体验云平台：为用户创造场景价值

经济波动主要是由各种过度简化且易于转述传播的经济叙事驱动的。这些观点给人们零散的思想和行动染上了颜色。……对大多数人来说，叙事将成为他们决定做什么或不做什么的原因所在，而这将对经济产生影响。

——2013 年诺贝尔经济学奖得主　罗伯特·席勒

体验云平台的战略定位

在英国剑桥大学三一学院的门口，有一棵非常矮小，也没有任何独特特征的苹果树。但是，这棵看起来非常普通的苹果树却吸引了不少游客争相与它合影，因为人们相信这棵苹果树与著名物理学家牛顿有关系，认定它是一棵“智慧树”。一个被广为传播的故事是，牛顿在苹果树下被落下来的苹果砸到了脑袋，由此产生的灵感让他发现了万有引力定律。一位在剑桥大学工作的朋友告诉我，其实三一学院门口的那棵苹果树和牛顿基本上没有什么直接关系，要硬说有点关系的话，它是从牛顿家乡的一个庄园里移植过来的。

诺贝尔经济学奖获得者罗伯特·席勒在其《叙事经济学》一书中指出，经济叙事通常依靠充满人情味的故事得以传播，因为人类深受这类故事的吸引。当一个身份明确，尤其是一位名人与一则叙事产生关联时，我们就可以在脑海中描绘出一幅画面，然后大脑就会将人物、声音、面孔与故事联系起来，从而降低遗忘率。这类故事之所以能够广泛传播，原因是它触动了人们最原始的“情感本能”。[1]

我相信大多数的人选择与三一学院门口的那棵苹果树合影留念，是因为他们相信苹果树给牛顿带来了启迪和智慧。他们拿着与苹果树的合影，在传播牛顿发现万有引力故事的同时，借机把自己植入到与牛顿这个名人有关联的故事情景之中，享受传播故事的乐趣。

“体验”可以增加人们的“情感”，因此，体验在商业模式中的重要性越来越突出，甚至有人提出了“体验经济”这一概念。基于对企业体验案例的深入研究，约瑟夫·派恩和詹姆斯·吉尔摩在《体验经济》一书中指出，体验经济中蕴含着巨大的价值创造机会，这就是大众化定制，两位作者在书中写道：

> 体验经济中蕴含着新的价值创造机会。对产品来说，更多的产出应当实现大众化定制，也就是说，人们需要的不是具体产品大量的生产，而是企业以更有创意的方式去生产。……大众化定制可以有效地满足顾客的独特需求，可以针对每个人生产出独一无二、完全不同的产品。对产品进行大众化定制，会使产品自动变成服务；同样，对服务进行大众化定制，会使服务自动变成体验。[2]

基于黑海战略，海尔不断推动基于用户体验的大规模定制模式，为了丰富用户体验，海尔在价值创造方式上不断探索从产品价值转型为场景价值。张瑞敏认为，物联网长期“叫好不叫座”的核心原因是没有场景，物联网或5G技术的最后落脚点一定是场景。[3]

为了创造基于用户体验的场景价值，海尔集团布局了五大产业平台，其中海尔智家是目前集团最大的产业平台，这一平台的战略目标是：为用户提供智慧家庭整体解决方案。海尔智家平台负责人李华刚将其归纳为吃、穿、住、娱一体化解决方案。

> 海尔智家提供什么样的解决方案？时尚潮流穿在智家，美食百味吃在智家，智享生活住在智家，智趣随心玩在智家。而海尔智家之所以能够引领智慧家庭解决方案的潮流，正是因为海尔智家拥有体验云平台。[4]

在黑海战略的指引下，海尔智家推出了“5+7+N”智慧成套解决方案，其中“5”代表智慧家庭的五大场景，包括智慧客厅、智慧卧室、智慧厨房、智慧阳台和智慧卫浴。比如，在海尔智慧厨房场景中，海尔的智慧冰箱可以连接体脂秤，后者可获取家庭成员体脂率、BMI（身体质量指数）等身体指数，从而帮助用户建立个人健康档案，规划出每天合适的热量摄入，推荐一周的膳食菜谱。“7”则代表包含空气、用水、美食、洗护、安全、健康和娱乐的 7 大生态圈的智能家居解决方案。当然，这些用户场景中的产品并非全部由海尔来生产，而是由海尔的生态伙伴来共同生产。海尔的战略是连接 N 个生态伙伴，共同为用户创造价值。

海尔智家的体验云平台是实现黑海战略的核心驱动轮，它聚焦于场景价值，其战略定位是：连接亿万家庭，实现生态共创。2020 年 7 月，我对海尔智家平台负责人李华刚进行了深入访谈，他告诉我海尔智家的整体战略构想是：在体验云平台上实现设计一个家、建设一个家、服务一个家，从而为用户创造场景价值。

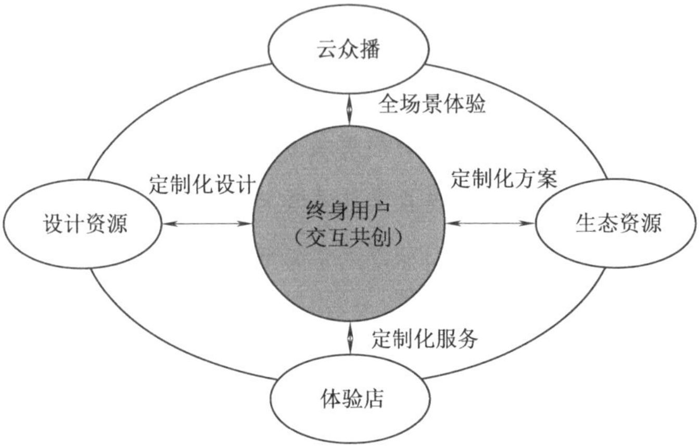

图5-1　海尔体验云平台的战略逻辑

我用图5-1展示了海尔体验云平台的战略逻辑。这一平台的核心是让终身用户参加价值共创，通过线上的“体验云众播”平台和线下的体验店与用户不断交互，时时获得用户的需求，利用平台上连接的设计资源为用户设计个性化解决方案，然后通过平台连接的生态资源实现价值创造。

接下来，我首先来解释海尔智家的体验云平台如何将一次性的交易用户变成终身用户，并实现从产品价值转型为场景价值。这是黑海战略模式下创造价值的新方式。在此基础上，我将分析海尔体验云平台如何将用户体验融入全流程的价值创造之中，并分析体验云平台上的各个核心功能及其背后的价值创造逻辑。

“终身用户”与“场景价值”

我以海尔正在构建的“衣联智慧生活生态圈”为案例，来分析产品价值如何被场景价值所替代，并让我们来更深入地理解用户体验在价值共创中的作用。

传统洗衣机曾经是海尔的核心家电产品，如今，它已经升级为“智能网器”，这些智能网器被称为生态圈的连接触点。物联网时代，万物互联是基本特征，然而，传统的家电并不能承载这一功能。比如，传统的洗衣机功能比较简单，因为没有安装智能传感器等设备，它不能融入物联网，就像是一个孤儿，孤独地待在家庭的某一个角落，默默无闻地为家庭服务，这种洗衣机就是传统的电器。海尔实施生态化战略的一个重要战略，就是把“电器”升级为“网器”，尽管表面上只有一字之差，但是功能和模式完全不同，网器的诞生颠覆了传统家电企业的商业模式。海尔利用智能网器可以实现人机互联、机机互联，从而可以把用户聚集在平台上，持续交互和交流，共同打造一个智慧家庭生态圈。

在衣联智慧生活多边平台上，衣联智能网器是整个生态系统中与用户连接的触点，当然，这些智能网器不仅仅包括智能洗衣机，还包括智能熨衣板、智能衣橱、3D 试衣镜等。

那么，这些衣联生态圈智能网器的智能化体现在什么地方呢？它又是如何实现物物互联的呢？答案是 RFID（radio frequency identification）物联识别技术，这是一种无线射频识别通信技术，可通过无线电信号识别特定目标并读写相关数据。RFID 技术让每件衣物获得了专属的“芯片身份证”，海尔衣联网正是借助 RFID 技术，将衣物与洗衣机、智能衣柜、3D 试衣镜等智能网器相连接，从而为用户提供衣物洗、护、存、搭、购全流程服务，实现衣物的数字化管理。

比如，在衣物洗涤阶段，海尔智慧洗衣机可以智能识别衣物品牌、材质、面料，匹配专属洗涤程序，还能识别洗涤剂参数，匹配专属投放标准，更有空气洗程序带来除干洗、水洗外的第三种衣物护理方式；延伸到衣物护理，智慧熨衣板能自动控制温度、压力，提供专业护理服务；在储存阶段，海尔智能衣柜能为衣物提供编码、烘干、除湿等服务；在衣物穿搭和购买方面，海尔 3D 智能衣柜镜可自动识别衣物的材质、类型等，为用户提供最合适的穿搭服务；最后，用户还能一键登录衣联网站，购买心仪的衣物。

正是基于这些智能网器，衣联网实现了从产品价值到场景价值的转变，用户也从一次性交易用户升级为终身用户。海尔衣联智慧生活生态圈不是为用户创造单一价值，而是为用户创造价值组合。这一价值组合包括三个部分，即个性化价值定制、全生命周期价值和全流程共创价值。

利用衣联平台为用户提供个性化定制方案的能力，海尔云裳小微企业可以为用户提供个性化定制的衣物数字化管理解决方案。这一方案整合了用户的碎片化需求，由为库存生产到为用户创造，用户全流程参与设计和制造，在这一过程中用户由“消费者”变成“产消者”。

以智能洗衣机为例，这一平台提供了三种个性化定制模式，即模块定制、众创定制和专属定制。模块定制就像乐高玩具的积木一样，用户可以选择自由搭配；众创定制需要用户的互动和参与，用户可以提出自己的创意，由体验云平台上的研发资源、设计资源和其他用户与他交互，由此创意不断迭代，最后形成一定的产品量以后，海尔洗衣机互联工厂可以即时生产，实现用户的个性化专属定制；专属定制是一种完全的个性化定制模式，用户提供自己独一无二的设计创意，比如他的照片可以印在洗衣机盖上，工厂可以通过 3D 打印或激光打印等技术来实现。

在衣联智慧生活生态圈中，用户不再是一次性的交易用户，而是被定义为终身用户。海尔云裳小微企业围绕着用户在衣物管理方面的需求，提供全生命周期价值，这一价值的具体表现是为用户提供贯穿衣物洗、护、存、搭、购等全生命周期的解决方案。不仅如此，在衣联智慧生活生态圈中，用户被赋予了新的角色，他们不仅仅是消费者，更是价值共创者。比如，平台提供的众创定制模式就激发了用户的创造力，让用户共同参与创造。平台的可视化功能能够让全流程透明可视，有利于用户参与产品的整个设计制造过程。

衣联智慧生活生态圈提供的价值组合共同构成了用户的最佳体验，改变了企业与用户之间传统的交易关系，形成了平台与用户之间共创共赢的新型关系。这一关系强化了用户与平台的黏性，减少了用户转移到其他平台上的可能性。衣联网逐步演化成一个为用户提供洗、护、存、搭、购全生命周期的智慧解决方案的管理平台，通过智能衣物的数字化管理，深度挖掘用户需求，建立衣物全生命周期的解决方案，并通过价值共创共赢，构筑了平台生态系统的壁垒，平台竞争力得以提升。

从洗衣机到衣联网，海尔的云裳物联小微企业不断拓展用户场景，与用户的持续交互，让这家小微企业发现，用户需要的不仅仅是洗衣机，而是洗、护、存、搭、购、收一系列的服务。应用场景的不断拓展也给小微企业带来了更大的价值创造空间。我认为衣联网的成功之处就在于不断构建和拓宽用户喜欢的场景，正如海尔集团总裁周云杰所言：

> 物联网时代，技术只是工具和手段，真正的难点和痛点在于构建用户喜欢的场景。海尔通过构建差异化的用户场景体验，不断进行物联网实践的探索。未来，对用户来说，海尔将进一步丰富衣、食、住、行、康、养、医等场景生态，不断满足用户个性化体验。[5]

如今，衣联网在不断拓展用户的应用场景，它正在基于智慧家庭场景打造智慧阳台、智慧衣帽间、智慧洗衣房、智慧儿童房和智慧玄关。而在不同的智慧场景里，为用户提供了智慧洗衣机、熨烫机、智能衣橱、试衣镜等多种智能硬件。同时，也可以为用户提供量身定制、穿衣推荐、上门送洗、衣物管理、专属洗护等专属管家服务。

在不同的物联网生态之中，用户触点是不同的。比如，在苹果的物联网生态中，iPhone、iPad 等是苹果生态的用户触点。从海尔衣联网这个案例可以看出，海尔的智能网器是海尔物联网生态的用户触点。在海尔的物联网生态中，形成了三种连接力，首先是智能网器之间的连接力，其次是人与智能网器的连接力，再次是人与人之间的连接力。利用这三种连接力，海尔重新定义了与用户之间的关系，其商业模式是为终身用户提供全场景的价值。在物联网时代，谁拥有更多的终身用户，谁的生态就能生生不息，这正是黑海战略的本质所在。[6]

线上“云众播”：与用户持续交互

数据显示，到2020年2月，中国移动互联网用户数量达到10.8亿，这无疑会对企业商业模式的重塑发挥重要影响。一个明显的趋势是，以产品为中心的传统商业模式，正在被以用户场景为中心的平台商业模式所取代，这正是企业需要从蓝海战略向黑海战略升级的原因所在。移动互联网的广泛应用消除了企业与用户之间的距离，这也驱使企业通过各种手段去直连用户。如今，对终端用户的争夺已经呈现出白热化的状态，绝大多数的企业意识到只有和用户直接相连，才能够真正理解用户的需求，并为用户创造价值，进而获得竞争优势。

比如，直播成为企业争夺终端用户的重要手段。通常的做法是，企业通过与名人合作，依靠名人的影响力，在网上直接面向终端用户销售产品，进而“圈粉”，增加用户量。当然，也有一些企业，让自己的领导者在网上开设网店，直接销售产品，并成为企业产品的代言人。不管是依靠外部的名人，还是依赖企业自己的“明星领导者”，这些直播活动都能够让企业直连用户，这种模式既提高了企业的知名度，提高了产品的销售量，同时也让企业“圈”了大量用户。

海尔采取了另外一种独特的模式与用户直连，在体验云平台上有一个重要的功能：云众播，即将创客、用户、生态方共同组织起来进行交互。2020年3月31日，海尔智家首创的“体验云众播”平台正式上线，并在海尔智家App上启动了一场以“智家有道、全民健康”为主题的体验云众播活动。在这次云众播活动中，海尔智家为用户演示了健康场景体验方案，其中包括19个智慧健康场景方案。在短短的一个半小时里，网络上的参与人数就突破了 1 000 万，成交金额超过 1.6 亿元。

聚焦于单一的爆款产品，提高产品销售量，是众多网红直播活动的首要目的。和许多直播活动不同的是，在海尔体验云众播中，海尔智家聚焦于场景，而不是单个产品。比如，在 2020 年 3 月的这次云众播活动中，海尔展示了“衣物祛菌”场景。这个场景由不同的产品组成，包括洗衣机、干衣机、衣物消毒柜、晾衣架等；而在健康饮食场景中，产品则包括冰箱、烟机、灶具、消毒柜等。这些场景都是基于用户需求提供的全套解决方案。当然，云众播中不仅展示了海尔自己生产的产品，海尔智家的生态资源方产品也加入进来，比如衣物健康场景中的博洛尼橱柜、客厅中的消毒机、卧室里的小夜灯，还有专为妈妈们喂养宝宝准备的暖奶器、辅食机等，这些产品组合起来形成整套解决方案，从而为用户创造场景价值。

海尔智家体验云众播与一般企业的网红直播有四点不同。一是直播主体不同，一般企业的直播主体是网红，用户相对是被动的。而海尔云众播的主体是每个人，包括让用户直接参与；二是直播内容不同，传统直播的内容是产品，传播的是产品功能，而海尔云众播的内容是场景，传递的是场景价值；三是直播方式不同，传统直播方式是一次性交易，交易结束意味着生意结束，海尔云众播是持续性交互，交易结束意味着全流程用户交互的开始；四是直播价值不同，传统直播的驱动力是价格，通过低价带动销量是直播的重要策略，海尔体验云众播的驱动力是价值，通过提供整套解决方案给用户带来高价值。[7]

“体验云众播”是海尔智家 App 上的重要功能，海尔通过智家 App 直连用户，目的是实现“美好生活一键定制”。在这个 App 上，用户不仅可以观看及体验智慧场景、免费预约设计，还可以参与产品设计、定制生态服务。为了提高用户的体验价值，海尔智家体验云平台将线上和线下进行一体化融合，将线上的海尔智家体验云众播平台与线下的体验店协同起来，从而实现美好生活的定制。接下来，我将分析海尔如何利用线下的体验店来与用户进行交互，并提升用户的体验价值。

线下智慧生活体验中心：与用户零距离

2019 年 9 月 20 日，我到上海参加海尔第三届人单合一国际论坛，其间，海尔安排嘉宾们参观了海尔智家在上海的 001 号店。这是海尔在国内开设的第一家智慧家庭体验中心，店面总面积超过了 4 200 平方米。在海尔智家 001 号店，我深刻地体会到了海尔黑海战略的本质：利用生态系统为用户创造场景体验价值。在 001 号店的一层，展示的是海尔家电家居融合的“5+7+N”智慧家庭解决方案，共布置了包括智慧客厅、智慧厨房、智慧卧室、智慧卫浴、智慧阳台在内的 5 大生活空间，展示了全屋空气、全屋用水、全屋美食等 7 大全屋解决方案，这些方案都可以根据用户个性化需求进行 N 种场景定制。走上 001 号店的第二层，我发现那里展示了许多模拟真实场景的智慧家庭解决方案，比如，海尔选择了上海当地的一些小区户型作为样板房，对家电和家居进行一体化场景设计，让用户拥有了真实户型的实景体验。

开设线下体验中心，形成与线上海尔智家云平台的战略协同，是海尔实施黑海战略的重要措施。海尔智家在线下布局了两种体验中心：001 号店和体验店。海尔智家 001 号店包括两种类型，其中第一类 001 号店可以提供衣、食、住、娱全场景解决方案，就像上海的智家 001 号店一样，这类 001 号店主要布局在大型城市，比如上海、北京、成都、广州、沈阳等；第二类 001 号店是海尔智家产业平台上各个产业子平台布局的场景体验中心，比如衣联网 001 号店、食联网 001 号店、水联网 001 号店等，这类 001 号店主要展示各自生态圈中的场景解决方案。第二种体验中心是布局在全国大中小城市、县城以及农村乡镇的体验服务店，这些体验店主要由海尔原来的专卖店、全屋集成店升级而成，它们的定位是给用户提供家电家居一站式服务，并满足用户体验需求。在海尔智家的 001 号店中，展示“全场景、定制化、一站式”成套解决方案是核心主题。下面，我分别用三个不同的 001 号店来解释这一主题。

2019 年 5 月 10 日，海尔食联网在重庆开设 001 号店，用户可以在这家店体验成套智慧厨房解决方案，这套方案从设计、装修，到食材购买、食材存储、饮食、烹饪、洗碗等各种场景需求都能一站式满足，这让用户可以便捷地“复制”一个智慧厨房到自己的家中，并可以根据自身的需求进行个性化定制。海尔食联网之所以能够提供成套解决方案，是因为海尔食联网把设计师、装修、主材、厨房家电、食品厂家等生态方资源吸纳进来，以用户需求为中心，共同为用户创造价值。[8]

2019 年 12 月 17 日，海尔衣联网在青岛开设了 001 号店，它集家电专卖店、服装专卖店、衣物护理店等多重身份于一身，覆盖了以衣物为核心的洗、护、存、搭、购、收等各个环节，为用户提供洗衣机零售（sale）、“生态配件”零售（sparepart）、衣物服务（service）、用户信息反馈（survey）四位一体的衣物智慧物联解决方案，被称为服装界的“4S 店”。衣联网 001 号店内被分为洗衣先生、智慧生活馆、云裳咖啡三大场景服务区域。其中，洗衣先生是专门进行衣物洗护、保养的区域，展示了洗衣机、干洗机、整熨机等许多设备，可以根据衣服的品牌、材质区分处理，提供专业的、个性化的衣物洗护服务；智慧生活馆则通过洗衣机、3D 试衣镜、智能晾衣架、智慧衣柜等智慧产品，搭建起覆盖衣物购买、搭配、存储管理等各环节的智慧生活场景；云裳咖啡是休闲交互区，消费者可以在这里点一杯饮品，或从共享书吧的智慧书橱中拿出一本书阅读，休憩片刻。[9]

2020 年 5 月 23 日，海尔智家平台下的水联网 001 号店在山东省即墨区开业。这家 001 号店为用户提供生活热水、家庭采暖、家庭饮水、软化用水等四大解决方案，这四大解决方案中覆盖了浴室、厨房等多个家庭用水场景，且所有方案都是基于人工智能智慧物联技术，可以一站式满足家庭用水中的洗、漱、洁、存、用等各个场景体验。

海尔为什么大力发展线下智慧家庭体验中心？显然，海尔采取的是“线上线下一体化”整合体验策略。一方面，线上的智家 App 和体验云众播平台可以为线下体验中心引流，线下的体验中心同时可以加强与用户的持续交互；另一方面，通过线上的体验云平台，可以让用户全流程在线参与价值共创，用户线上买单，订单会被分发到体验中心，线下的体验中心通过直接提供服务提升体验质量。

通过线上和线下的联动，海尔不断优化智慧家庭成套服务，从成套产品、成套方案、成套销售、成套展示、成套服务五个维度为用户提供一站式智慧家庭解决方案。线上与线下的融合也让海尔不断强化“成套服务 + 送装同步 + 全流程服务 + 成套权益”这种模式，从而不断迭代用户体验。[10]

4E 价值：效率、交互、体验与生态

海尔智家体验云平台通过建设线上线下一体化的用户触点网络，将线上智家 App 和线下体验店作为用户流量入口，其目的是为各类用户提供“设计一个家、建设一个家、服务一个家”的全场景解决方案。从本质上来讲，海尔的体验云平台就是海尔智家的“数据中台”，在这个平台上不仅沉淀了用户的行为数据，还沉淀了海尔从营销、研发、制造到服务全流程的业务数据。利用这些“大数据”中的“小数据”，海尔智家可以为每一个用户提供个性化的解决方案。张瑞敏特别强调“小数据”的重要性，他认为尽管物联网时代智能商业模式的基础是大数据，但不能只强调大数据，更要重视小数据，只有掌握了每个人个性化的小数据，才能满足每个人的个性化需求。

海尔体验云平台是海尔实施黑海战略的重要载体，这一平台的价值体现在四方面，我将其概括为“4E”，即效率（efficiency）、交互（engagement）、体验（experience）和生态（ecosystem）（图 5-2）。

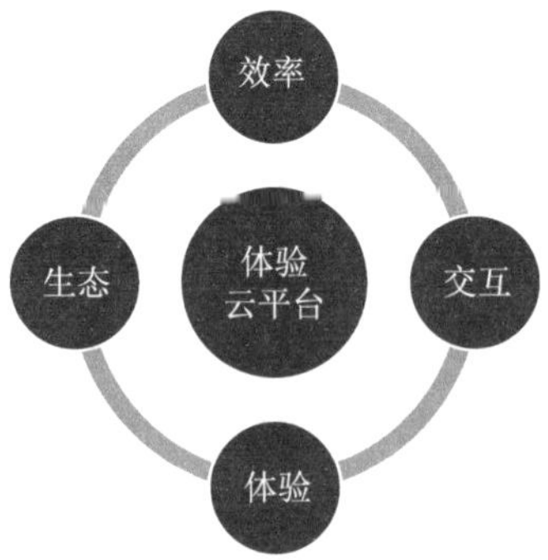

图5-2　海尔体验云平台的4E价值

海尔体验云平台首先颠覆的是传统的分销体系，构建高效的、以用户为核心的新零售体系。海尔利用体验云这一数据中台将传统的专卖店进行数字化升级，升级为海尔智家体验中心，这不仅仅是名称的改变，而是整个运营模式的重构。体验云平台将每一个体验中心视为赋能对象，赋能每一个体验中心将用户数据上传到智家App上，每一个体验中心的“老板”都可以利用智家App做自己的生意，销售整套智慧家庭解决方案。体验中心所有的运营流程全部线上化，数据直接与海尔的设计、制造、营销、服务等系统全部联通，极大地提高了运营效率。在访谈中，李华刚告诉我，体验云平台这一数据中台，极大地提高了开店的效率，从原来的“加法”变成了“乘法”。

> 有了体验云平台之后，我们要求用户上平台、客户上平台、物流上平台、产品上平台、营销上平台、服务上平台，这就使得我们的订单体系、物流体系、服务体系、营销体系全部实现了线上化。当所有的业务都线上化以后，我们发现效率大大提升了。正是有了数据平台和线上化的运营体系，才让我们开店从“加法”变成了“乘法”，效率和速度大大提高。

物联网时代，社群经济成为企业关注的重点。海尔线下的每一家体验中心或者每一家001号店都有自己的专属用户社群，由于“云众播”平台直接嵌入到海尔智家App之中，所有的体验中心、001号店都可以直接利用云众播平台以及App上的定制平台与各自社群的用户直接交互，通过与社群用户的持续交互，这些体验中心和001号店能更深入地了解用户的需求，并将这些需求信息与海尔的设计小微、制造小微和营销小微进行无缝对接，从而生产出符合用户需求的爆款产品。这些爆款产品并不是海尔自己规划出来的，而是与社群用户共同创造出来的。周云杰认为，正是与用户持续的交互，才让海尔不断发掘出用户的“需求图谱”，以需求图谱为连接线，整合生态资源为用户提供一体化解决方案。

> 不能把用户的个性化需求视为一个个孤立的信息片段。事实上，通过一位消费者的几个显性需求，就可以挖掘出背后的“需求图谱”。需要注意的是，这个图谱不是一成不变的，而是随时变化的。因此，海尔要做的不是提供固定个性化服务解决方案，而是持续为用户动态构建可以满足其需求图谱的整个生态圈，同时不断迭代升级，推动整个生态圈共同增值。[11]

如果将“1”比喻为每一个用户，互联网时代是“从1到N”——“N”是电商平台上无数的商品，用户需要从中筛选出符合自己需求的商品。而物联网时代的商业模式却能实现“从N到1”，通过社群交互，平台能够为每一位用户提供满足其个性化需求的产品。[12]

海尔体验云平台的第三个价值是体验。体验是物联网生态品牌的核心，正如我在前文中所言，海尔黑海战略的一个核心目的就是创建有温度、有情感、以消费者体验为中心的生态品牌，并取代那些靠“大生产、大零售、大渠道、大品牌、大物流”取胜的传统品牌，从而实现品牌价值从“物的关系”向“人的关系”进行转变。海尔集团执行总裁梁海山认为，生态品牌是物联网时代最重要的标志，也是检验物联网是否引爆的必要条件。传统工业时代的重要标志是以产品品牌为出发点；在互联网时代，以流量变现为中心的交易平台变为主流；到了物联网时代，家电企业应该以生态品牌为目标，构建以价值共创为中心的生态圈。

> 各类企业凝聚在这个平台上，如果不能实现增值就没有意义。增值来自哪里，来自用户的体验是否迭代，用户的体验是否好，如果没有这个，一切也是空谈。

基于黑海战略，海尔生态品牌建设的目的是“利用智慧家庭解决方案让用户有不断升级的美好体验”。在此基础上，海尔共建共创链群生态，从为用户提供有竞争力的家电产品，迭代到向用户提供成套的智慧家电产品，再迭代到向用户提供成套的智慧家庭解决方案，最终目的是给用户提供一个可定制的生活方式。这种生活方式被海尔称为“生活 X.0”，即可定制的、可以迭代的生活方式。支持智慧家庭解决方案不断迭代的核心是海尔“U+ 云脑”，它是海尔体验云平台的黑科技。“U+ 云脑”不仅可以支持海尔旗下所有家电围绕用户的生活场景进行智慧互联，还可以通过和用户交互，不断地给用户提供需要的新场景，并且提升和迭代用户的体验。[13]

从设计一个家、建设一个家到服务一个家，海尔围绕着智慧家庭不断升级解决方案，而真正能够让整体解决方案落地的关键在于生态的构建。海尔体验云平台是一个多边资源整合平台，它不仅连接着用户需求，还连接着设计资源和生态资源，这些资源围绕着“定制的美好生活”进行共创、共享。

比如，2020 年 7 月 28 日，海尔衣联网推出了一款具有物联网支付功能的墨盒洗衣机。用户可以打开海尔智家 App，在设置中心开启洗衣液“无感复购”功能，预先签订购买协议后，海尔墨盒洗衣机可以自动监测洗衣液剩余量，发现洗衣液不足时，便会自动下单购买，送货上门，用户还能实时跟踪订单动态，再也不用自己出去买洗衣液了。

海尔之所以能在行业内率先提出物联网支付，创造墨盒洗衣机，便是因为其拥有践行黑海战略的重要基石——生态链群。我在第 2 章中详细介绍了链群的特征，这是一种由小微生态企业构成的价值共创的动态网络，这些小微企业在整个价值链条上享有共同目标：为用户创造定制化的智慧家庭解决方案。为了实现这个目标，就需要把用户和设计、生产、营销、服务的全部环节联通起来。比如，洗护体验链群发现了新的用户需求或者问题反馈，便会直接快速找到生产链条上相关的负责人，调动生产力或者解决问题，之后再到创单链群后续工作的迭代创新，最终实现产品在平台上引爆。在整个价值创造过程中，传统企业控制生产产品的“手”不见了，“一只看不见的手”在指挥整个价值创造网络，这就是用户的个性化需求。在这其中，真正参与用户价值创造和订单交付全流程的人掌握了价值创造的自主权，他们依据相互之间的契约机制来衔接团队间的协作，从而实现价值创造与分享。[14]

“场景替代产品、生态覆盖行业”，这是张瑞敏对海尔黑海战略最简练的诠释。基于这一战略，海尔致力于为用户提供全流程无缝的最佳体验，创建物联网时代的生态品牌，这是一种新的增长模式。为了实现新的增长，海尔需要新模式、新引擎。张瑞敏认为，新模式就是人单合一模式，在这种模式中，企业、员工和用户体验连接在一起，员工的价值体现在为用户创造的价值之上，给用户创造的价值越多，自己得到的价值也越多。而驱动海尔实现增长的两个新引擎就是体验云平台和卡奥斯平台，前者聚焦于场景，后者聚焦于生态。两个引擎平台的有效协同将为用户提供整体的智慧家庭解决方案，从而连接生活、定制生活，迭代生活体验，进而形成一个全生态的增值分享。

第6章

HOPE：开放式创新平台

物联网时代的经济增长，主要来自企业的创新和不断产生的新创意，需要内生增长，而培养想象力是促进企业内生增长的根本因素，这就要求把每个人内在的潜力都发挥出来。

——2018 年诺贝尔经济学奖得主　保罗·罗默

玛雅文明是存在时间长达18个世纪的中美洲文明，在很多社会文化领域创造了辉煌的成就，玛雅人在生态学、建筑学、天文学、数学等方面都有极高的造诣，然而，玛雅文明却令人不可思议地灭绝了。这背后的秘密是什么？什么原因导致了玛雅文明的灭绝？美国人类学家克莱尔·埃伯特等人对伯利兹古老玛雅村落卡哈尔佩奇的50个墓葬里的玛雅人遗骸进行了研究，测量了墓葬死者骨胶原中碳和氮的稳定同位素值，以确定个体饮食特点以及饮食如何随时间变化。研究发现，玛雅人食用的主要农作物是玉米。研究人员最后得出结论：人口的膨胀和密集农业种植导致的环境恶化，加上对玉米的偏好和过度依赖，使玛雅文明缺少弹性和韧性，这正是玛雅文明灭绝的主要原因。[1]

在食物上过度依赖玉米，缺乏对其他农作物的创新，成为玛雅文明灭绝的一个重要原因，这不禁令人扼腕叹息。事实上，在当今快速变化的商业环境中，还有不少企业过度依赖传统的价值创造模式，就像玛雅人依赖玉米那样，缺乏创新精神，这些企业最终的结局也会像玛雅文明一样被“淘汰出局”。

通常，创新有两种模式：封闭式创新（closed innovation）和开放式创新（open innovation）。经济学家熊彼特对封闭式创新进行了深入的研究，他认为创新由大企业内部的经济力量来完成，即探索性的新产品和新技术来自组织内部的研发部门，并通过企业自己的工艺、工程部门进一步完善，成为创新性产品，最后这些创新性产品的市场推广也是依靠企业自己的市场营销部门和销售渠道来实现。显然，在封闭式创新的理论中，企业基本上完全依赖自己的力量完成创新，这些大企业出于专利保护、技术保密等原因，很少与其他企业进行创新合作，更不愿意共享创新成果。

加州大学亨利·切萨布鲁夫教授是开放式创新领域的开创者，这种创新模式遵循了不同的创新逻辑，它的核心思想在于企业能够也应该像使用内部创意、知识、技术等创新资源一样使用外部的创新资源，同时也像使用内部途径一样使用外部途径将创新成果推向市场，从而实现其商业价值。在开放式创新的框架中，企业将内外创新资源统一到一个组织体系或者平台系统中，通过设计有效的商业模式，利用内外创新资源，同时建立相应的创新获利机制，分享创造的新价值。因此，开放式创新包含着创新发明与商业化的整个过程，在本质上是一种开放式的价值创新（value innovation），而非单纯的技术创新，即在技术创新的基础上进一步实现其商业价值。[2]

技术创新是推动经济增长的核心要素，这是2018年诺贝尔经济学奖获得者保罗·罗默教授的核心观点，他的重要贡献是“将技术创新纳入宏观经济学分析框架之中”。在保罗·罗默提出的增长模型中，技术进步占有举足轻重的地位，它是经济增长的核心推动力量。而且，保罗·罗默认为大部分的技术进步和市场激励有关，技术是企业有意识的投资行为，企业可以通过创新使知识成为商品。

在互联网时代，为什么企业需要从封闭式创新走向开放式创新？因为，随着技术复杂程度、用户需求个性化程度的提高，封闭式创新模式越来越不能适应快速迭代的技术创新要求，这就需要企业选择打开组织边界，同时利用组织内外的资源进行技术创新，从而快速整合资源，获得竞争优势。[3]

从 2009 年开始，海尔开始打造开放式创新系统，从最初成立的开放式创新中心，逐步演变成开放式创新平台，如今已经逐步升级为开放式创新生态系统。在黑海战略的指引下，海尔的战略目的是依托 HOPE（Haier Open Partnership Ecosystem）平台，在全球范围内快速整合技术和知识，从而构建共创、共享、共赢的创新生态。接下来，我将首先介绍 HOPE 平台的价值定位和战略演进，并进一步聚焦 HOPE 平台如何进行价值创造。最后，我将给出构建开放式创新平台的核心原则和具体建议。

HOPE 平台的战略演进

2007 年，《维基经济学》在国内出版。从这本书的副书名“大规模协作如何改变一切”，就可以清晰地看出这本书传播的核心理念：开放、协作、连接、共享和全球化。唐·泰普斯科特和他的合著者在书中前瞻性地指出，新的大规模协作正在改变公司和社会利用知识和能力进行创新和价值创造的方式，正在重写竞争的规则。新的商业模式正在出现，这种商业模式向世界开启大门，同每个人（尤其是消费者）

共同创新，共享以前被高度保护的资源，企业可以利用大规模协作的力量，像真正的全球性公司一样进行资源的整合活动。[4]

应当说，《维基经济学》这本书中关于开放、协作和全球运营的观点给张瑞敏带来了很大的启发，张瑞敏在演讲中多次引用“世界就是我的研发部”这一观点：

> 所有的资源不是在你内部，而是在全球。我为什么一定要在内部来做？我为什么不可以吸引全球的资源？《维基经济学》那本书中有一个核心观点是“世界就是我的研发部”。我为什么不能用全球的资源？如果你还想抱着原来那套模式不放，这是肯定不可能的，时代使你必须要做改变。[5]

“世界就是我的研发部”这一理念促使海尔在技术创新方面做出了很大的改变，成为海尔开放式创新模式的助推剂。张瑞敏为海尔的研发体系提出了变革和转型的方向：把过去神秘的研发中心变成一个开放系统，让海尔内部的研发人员变成资源接口人，在全球范围内整合技术资源。2009 年，海尔正式成立开放式创新中心，并于 2010 年上线了开放式创新门户网站。

在开放式创新中，按照创新资源的流动方向和价值创新的方式，通常分为三种模式。第一种模式是基于创新资源从外向内流动的内向型（inbound）创新，即企业通过积极搜寻与获取企业边界之外分散性的创新资源，整合供应商、顾客以及外部其他组织或个人的技术、发明、创意、知识等，以节约企业的研发成本与时间，提升企业的创新性。第二种模式是基于创新资源从内向外流动的外向型

（outbound）创新，即企业将其技术、专利、知识以及创意外部化，在外部市场实现商业价值。在这种模式中，企业不再严格地将自己局限在其直接服务的市场，而是通过向外输出技术许可、出售技术等实现价值创新。第三种模式是混合型（coupled）创新，即企业将从内到外（将技术资源带向外部市场）与从外到内（将外部技术资源整合到内部产业）的创新两者组合在一起，与技术互补性的合作者通过联盟、合作以及合资企业等方式来共同创造价值。[6]

从以上三种创新模式的特征来看，海尔的开放式创新中心属于内向型创新模式，在这个阶段，其核心定位是构建并连接全球创新资源网络，基于海尔内部产业的创新需要对外发布技术需求，并将有价值的技术资源与海尔的内部产业进行技术对接。

2012年，张瑞敏对海尔集团的创新体系提出了新的变革要求，进一步推进和落实“世界就是我的研发部”这一理念，指出海尔需要建设开放程度更高的创新能力体系。为了实现更高程度的开放式创新，同时支持海尔集团的网络化战略，海尔开放式创新中心打造了线上开放创新平台HOPE，并于2013年正式上线。同时，海尔加大了线下和线上创新资源的整合力度，开始将遍布全球主要技术创新高地的线下技术资源网络与HOPE平台相结合。在线上，海尔HOPE平台与全球研发机构和个人合作，为平台用户提供前沿科技资讯和超值的创新解决方案。在线下，这些创新解决方案通过全球十大研发中心及海尔集团内部各产业线研发平台的协同，实现价值创造。[7]

从2009年到2013年，海尔在开放式创新体系建设上迈出了重要一步，从成立开放式创新中心到上线HOPE平台，其开放式创新架构体系逐渐清晰。但在这一阶段，HOPE平台的平台功能相对较弱，更多的还是对外部技术资源的搜寻、连接和整合，技术资源的供给方和需求方很少能在平台上直接交互。

从2014年开始，海尔对HOPE平台的功能进行了大幅升级，其核心是推动技术资源的“需求方”与技术资源的“供给方”直接交互、自动匹配。这是典型的双边平台模式，其优势在于可以更加快速、准确地配置创新资源。张瑞敏认为，平台是互联网时代创新的驱动力，所谓平台就是快速汇集资源的生态圈：

> 我们现在正在不断地自我颠覆。传统企业的驱动力是规模经济和范围经济，就是做大做强。但是互联网时代的驱动力是平台。平台就是快速配置资源的框架……就是快速汇集资源的生态圈。用最快的速度把各种资源汇集到一起，只有在互联网时代才能做到……平台有两个特点：第一是开放，第二是免费。比如电商，所有人都可以在这个平台上快速找到自己需要的东西，卖方可以快速满足他们的需要。互联网时代，企业的界限被打破了，失败者经营的是带围墙的花园，成功者经营的是开放的平台。[8]

当技术资源的需求方与技术资源的供给方在HOPE平台上实现了直接交互后，平台效应逐步显现出来，HOPE平台整合资源的能力明显提升，配置资源的速度也大大加快，开放式创新体系实现了正向循环，而且资源配置的准确度越来越高，也缩短了整个产品的研发周期，围绕创新的全流程一站式服务体系逐步形成。

从2015年开始，海尔将HOPE平台从“双边平台”向“平台生态”模式转型，其中一个突出的变化是平台上聚合的资源越来越多，其赋能的对象也发生了很大变化，不仅包括海尔内部的产业，也开始为外部的产业赋能。比如，HOPE 为第三方客户佛吉亚提供技术搜寻和匹配服务。[9]

2017 年，HOPE 平台将其战略定位成“共创、共赢、共享的创新生态”，这一生态模式的核心组件包括用户网络、资源网络和生态伙伴（图 6-1）。

HOPE 平台创新生态中的创新用户网络主要包括：产业研发、产业小微、生态小微，这三类用户主要来源于海尔自己的核心产业。目前，海尔将集团划分为五大产业平台：海尔智家、海纳云、盈康一生、卡奥斯和海创汇；外部组织则是指海尔生态系统中的第三方用户，这类用户与海尔生态系统协同共赢。在 HOPE 平台上，用户作为需求方会向供给方提出创新方向、创新难题和创新需求。

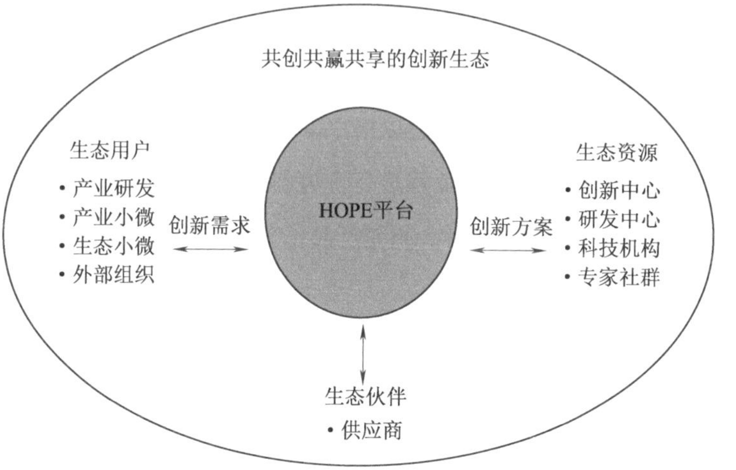

图6-1　HOPE开放式创新生态模式

创新资源网络是创新方案的供给方，它既包括海尔遍布全球的研发中心和创新中心，又包括整合的科技机构和专家社群。我在访谈海尔 HOPE 平台负责人滕东晖时，他告诉我 HOPE 平台在全球整合了数量庞大的核心专家资源，形成了非常活跃且多元化的创新专家社群，这些社群为 HOPE 平台注入了创新的活力，为形成创新方案贡献了价值。

为了能够更加快速地利用创新方案形成创新产品，HOPE 平台还连接了供应商，作为平台的生态合作伙伴，供应商与平台上的产业小微合作，通过将产品模块化，更快地将创意变成产品，从而快速满足用户对产品的个性化需求。

正如我在前面提出的，开放式创新的本质是价值创新，这一过程的核心是价值创造。接下来，我将解释 HOPE 平台如何进行价值创造。

价值共创：持续交互与快速迭代

我用图 6-2 来说明 HOPE 平台的价值创造核心流程，这其中包含两个重要的原则：其一，是以用户需求为创新出发点，从发现用户需求到满足用户体验全流程进行价值创造；其二，是以持续交互为核心手段，从创意到设计，再到产品，实现全流程价值共创。

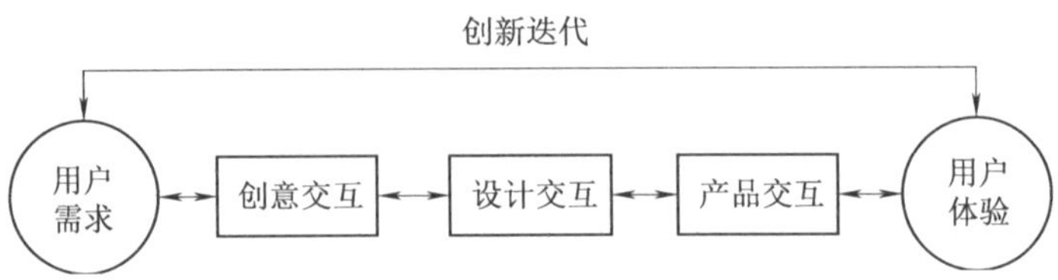

图6-2 HOPE平台价值创造核心流程

接下来，用一个具体的案例来说明 HOPE 平台的价值创造流程。

卡萨帝是海尔旗下的高端品牌，一直以来保持着家电业内先进的科技水平和口碑很好的用户体验。2017 年 3 月，海尔在中国家电及消费电子博览会（AWE）上推出了搭载“气调保鲜”技术的冰箱。它当时的宣传口号是“卡萨帝冰箱，细胞级养鲜”，这在冰箱行业中是一次突破性的技术创新。在此之前，冰箱保鲜技术有低温保鲜、化学保鲜、生物保鲜等，常见的冰箱基本选用的是低温保鲜。但不同的保鲜方法采用的技术突破点不同，达到的保鲜效果自然也稍有差异，常常是“保质不保鲜”。

卡萨帝在行业首创应用“气调保鲜”技术。该技术是通过保鲜技术模块，控制箱内氧气与氮气的浓度比例，从而有效延长了食物保鲜时间，达到保持细胞活性，减少食物养分流失的保鲜效果。那么，这个气调保鲜创意从何而来？这项技术是怎么发现的？又是如何将其植入到卡萨帝产品之中的呢？

气调保鲜的创意来源于与用户的持续交互，创意交互主要包括用户洞察和需求界定两个重要环节。

HOPE 平台上有“微洞察”这一功能，它可以实现与用户的线上交互和线下交互。经过与用户的持续交互，海尔的研发人员发现有高达 80% 左右的用户对现有冰箱的保鲜效果不满意。由于风冷冰箱的特点，冰箱果蔬室的果蔬存放几天之后就会失水失鲜，而很大一部分用户对果蔬保鲜的需求天数甚至要超过一周，现有的保鲜手段很明显是无法满足的。尤其是一些高端用户，会购买一些高档食材，比如三文鱼等，短时间内吃不完，但放进冰箱很快又不新鲜了。很明显，用户需要保鲜效果更好的技术解决方案，“保质不保鲜”

是用户的一大痛点。

发现用户需求后，HOPE平台与产业技术人员共同探讨技术方向和技术需求，从食品保鲜的核心机理进行深度分析和研究，发现了食材保鲜有几个关键环境条件：温度、湿度、洁净度和气体氛围。前三个参数是冰箱厂家当时都在开发的几个技术方向，另外一个非常关键的"气体氛围"还是空白点；而且通过大量的文献查询和专家咨询发现，气体氛围调节在商用冷藏食品保鲜领域是非常成熟的方案，而且保鲜效果极佳，好的环境甚至能够将食品保鲜周期延长至半年甚至一年有余。

HOPE平台的一大特征是可以让用户全流程参与交互，研发人员有了初步构思后，可以继续与用户交流，以获得更多启发和创意。在HOPE平台的用户社群中还有一类特殊的用户：领先用户。这类用户处于市场潮流的前端，面临的产品或服务的需求当前在市场上还没有出现。领先用户是企业极其宝贵的外部资源，对领先用户的研究是技术创新和市场营销有效结合的关键。企业通过调查研究领先用户，洞悉未来市场需求方向，获取有价值的产品设想，继而开发出新颖的产品或服务。而且，分析领先用户需求和相应的解决方案，也能提高新产品开发效率。对海尔而言，其领先用户是指那些对家电产品有较深理解的用户。

在创意交互环节，天津的一位领先用户（本身是大学教授）在HOPE平台上的创意社区中提出了自己的创意：

冰箱的保鲜，除目前常用的温度（也就是低温）、化学保鲜、生物保鲜等方式外，气氛保鲜也是一种非常有用的方式，很多大

> 型商用场合都在使用。空气主要由大约 21% 的氧气和 78% 的氮气组成，氧气是加速腐败的一种主要因素，而氮气可以延长保鲜时间。果蔬和其他鲜活食品的呼吸作用会随着空气中氧气浓度的下降而减弱，当氧气浓度从空气中的 21% 降低到 7% 时，食品的呼吸作用明显会得到抑制。[10]

这位领先用户提出的创意和研发小组的“气氛保鲜”不谋而合。巧合的是，海尔的一位研发工程师在买澳大利亚车厘子时偶然了解到，运输过程中为保证果蔬新鲜贮藏，采用的是一种叫“气调保鲜”的技术，这种技术是最先进的果蔬保鲜贮藏方法。研发人员经过深入的调查，发现往来世界各地的皇家游轮也应用气调保鲜技术来保证食材的品质，而且气调保鲜还应用于潜艇、航海等领域，它让蔬菜保鲜期突破了 40 天。

基于持续的交互，研发小组成员基本取得共识：大部分的果蔬保鲜均需要一个低氧环境，开发一种可以降低冰箱保鲜盒内的氧气浓度、增加氮气浓度的环境就成了这个课题的技术方向。但如何将这项技术“压缩”到冰箱的一个舱室里，化繁为简、由大变小，是研发团队首先要攻克的难题。

设计交互的第一个环节，是需要对课题进行拆解，这时 HOPE 平台上的专家社群就发挥了重要作用。研发小组与气调行业内的专家和技术方案提供商进行了多轮的深度交流，行业内的基本观点是，要在冰箱中一个小空间内实现气调，而且在如此低的成本限制、如此小的体积限制和如此长的寿命限制条件下，基本上是不可能实现的一件事。整个气调行业暂时还没有哪一家能够提供类似的技术解决方案。最后得出的结论是：行业内无法满足海尔的技术需求。研发小组只好跳过行业限制，利用 HOPE 平台的跨界专家和多年自身积攒的创新方法，从科学原理角度，对氧气去除手段进行了详细的技术拆解，通过拆解发现至少有 10 种以上的方法可以达到去除氧气、增加氮气的目的，然而，结合冰箱产品的特点和成本限制，至少有 70% 的技术方向是无法在冰箱这个产品上应用的；之后，又经过与行业内各资源方探讨和专家咨询，基本上锁定了 1~2 个技术方向，有可能可以满足冰箱的环境、成本、体积、寿命、使用体验等多方面要求。

设计交互的第二个环节是资源寻源。根据技术拆解出来的寻源方向，利用专利平台以及 HOPE 线上线下渠道，进行全球资源整合，短短两周的时间，HOPE 平台就帮助产业研发人员筛选出了 50 多个潜在技术方案提供方。

设计交互的第三个环节是方案论证。HOPE 平台上的专家团队对已经筛选出来的资源方进行初步评估，结合冰箱产品特点，筛选出最有可能成功的 3 家资源方进行第一轮方案的验证和技术评估。最终经过两个多月的方案评比，确定最后一家资源方为最后的方案提供商，并最终设计出“气调保鲜系统”创新方案。它分为三个部分：控氧抽屉、控氧膜、控氧泵。首先，利用控氧抽屉将保鲜空间进行密封和保湿；然后，利用控氧膜气体分离技术，把空气中的氧气和氮气分离，降低储存空间内的氧气含量；最后为了实现调节作用，控氧泵用来抽走抽屉内的多余氧气。[11]

产品交互环节需要把创新方案转变成创新产品。在这个环节，HOPE 平台会协同多方资源，比如供应商资源、产业小微、研发人员等，这些资源在 HOPE 平台上持续交互。在这项技术创新中，气体分离技术如何实现精准，关键点在控氧膜。为了研发控氧膜，海尔的研发人员历时 3 年，近 3 000 种尝试，5 万多次试验，15 次改进，对 2 000 余种食材进行反复检验，最终成功研发出“气调保鲜模块”。该技术通过保鲜技术模块，控制冰箱内氧气与氮气的浓度比例，有效延长了食物保鲜时间，达到保持细胞活性、减少食物的养分流失的保鲜效果，实现了冰箱行业在保鲜技术上的重大突破，并终于在 2017 年成功将“控氧保鲜”科技首次应用在冰箱领域，搭载在卡萨帝 F+ 自由嵌入式冰箱上。

从发现用户需求，到满足用户体验，HOPE 平台在创意交互、设计交互、产品交互等环节实现了全流程的价值创新，并创造了有竞争力的价值。卡萨帝 MSA 细胞级养鲜系列冰箱产品自 2019 年 1 月至 12 月，通过家族化、系列化拓展，销量达到 11.8 万台，市场销售额达到 18.8 亿元，利润 3.7 亿元，实现了高收入、高毛利、高利润引领。新品上市后迅速占领中高端市场，在行业下滑的大环境下，2019 年卡萨帝逆市实现收入增幅 30%，利润增幅 20%，成为高端冰箱 TOP1 品牌。同时，也提高了海尔在冰箱领域的技术能力。MSA 控氧保鲜技术获得专利共计 127 项，中国发明专利 91 项，国际发明专利 36 项。

海尔卡萨帝控氧冰箱解决了用户“保质不保鲜”的痛点，极大地提升了用户体验。当然，海尔的技术创新并未止步于此，而是进入了下一个创新迭代的环节。根据用户在使用控氧冰箱过程中发现的问题，再深入挖掘用户的痛点，再次进行创意交互、设计交互、产品交互，从而形成动态循环。比如，2019 年 11 月 26 日，卡萨帝冰箱发布了《MSA 控氧保鲜科技白皮书》，推动控氧技术在行业内的广泛应用。

开放式创新的五个核心原则

从海尔 HOPE 平台的案例中，我发现企业构建开放式创新生态系统需要坚持以下五个基本原则。

原则一：开放，而不是外包。

开放式创新，顾名思义，首要强调的是“开放”，但“开放”对一个已经习惯于封闭式创新的企业而言意味着巨大的挑战，其背后的原因也非常复杂。

> 一部分原因在于其组织文化鲜少鼓励或奖励员工创新。另一部分原因是组织往往习惯于从组织内部寻求想法和解决方案，而忽略了一个重要事实，组织外部的力量能够帮助组织达成既定的政策目标。……首要的目标是构建能够促进学习和创新的环境。这意味着激发组织内部人员搜寻新信息，思考其他可能性，鼓励外部的其他利益相关者共同参与，同时在政策和行动方面更加透明化。[12]

在《维基法则——互联世界的新解决方案》一书中，两位作者将“开放”视为网络智能时代的五项原则之一，他们批评许多传统组织不愿意与世界分享信息，大多数组织的“默认立场”都是将信息封存起来。但是，伴随着数字时代的到来，聪明的组织已经开始重新思考开放性，因为，世界正变得更加透明：消费者前所未有地了解产品和服务的价值，员工可以过去难以想象的方式了解公司的战略、管理和挑战。

在数字时代，开放式创新将成为企业一种新的竞争力。相对于封闭式创新，开放式创新不再强调对创新资源的所有和控制，而是强调对创新资源的获取与重新配置；创新活动不再被严格地控制在企业内部进行，而是嵌入在组织间层面并依赖于与其他各种组织的合作；不再依靠蓄积创新资源取得竞争优势，而是通过组织间创新资源的交换与创新收益的分享而获取竞争优势。[13]

在《营销革命4.0——从传统到数字》一书中，菲利普·科特勒认为，过去从企业到市场的垂直化创新正在变得更为水平化。像宝洁、联合利华等世界级企业都已经转变了创新的理念，它们逐渐意识到内部创新带来的变化远不足以让它们跟上时代变化的步伐，它们都不约而同地将其研发创新模式调整为联合创新模式（开放式创新），这种模式主要依赖外部资源提供创意，并借助内部力量将创意商业化。

> 全球化搭建了公平竞争的绿茵场，企业的竞争力将不再取决于企业规模、所在国家和历史优势。……相反，如果企业能够同用户社区和合作伙伴共同创造价值，同竞争对手协同市场平衡，就能具有更强的竞争力。[14]

当然，我们不能片面或者极端地追求开放式创新，开放式创新不等于“外包式创新”，后者试图把企业所有的创新都外包出去，这是很不明智的创新举措。事实上，如果没有企业内部强大的技术和研发能力，就没有创新方案的吸收能力和转化能力，因此，单纯地依赖外部资源的创新是无法取得创新成果的。

海尔很好地平衡了内部创新与外部创新，它在全球布局了十大研发中心和数量众多的创新中心，比如，2014 年 9 月，海尔在美国印第安纳州的埃文斯维尔市建立了北美技术中心，该中心主要用于整合世界一流研发资源，建立完善自身世界性的研发平台，并进一步开拓北美市场。分布在全球的研发中心和创新中心，再加上海尔内部各产业中的研发平台，与 HOPE 平台共同构成了海尔整体的开放式创新生态系统。

原则二：以用户为中心，让用户需求与资源零距离交互。

创新容易失去方向，进而导致创新的失败，这是许多企业在创新方面面临的挑战，也让许多企业不愿意在创新项目上投入资金。但问题是，面对高度动荡的外部环境，谁又能够完全准确地判断未来的技术路线、技术方向呢？对许多管理者而言，在做决策的时候并不会对决策的结果有绝对的把握，大多数的决策往往是依靠管理者的“直觉”。

2013 年 8 月，我陪同张瑞敏等人到斯坦福大学拜访了组织理论的奠基人詹姆斯·马奇教授，两人有一段非常精彩的对话，描述了管理者的决策困境。

> 马奇：对任何领导而言，很难事先知道哪个是对的，哪个是错的。堂吉诃德就是按照自己认定的路走。同样，你怎么知道你和海尔走的这条路是对的，还是错的？

张瑞敏：我们正在做的、正在走的是一条未知的路。我们不知道未来的路是对还是错，其他人也不知道，否则大家都去走了。但是，我们知道有一条路是正确的，就是永远去追随用户。所以，在海尔内部把组织扁平化以后，员工就没有领导了。现在是谁领导员工呢？就是用户。而用户的需求在哪里也是不确定的，这需要每个员工都去寻找。所以，我认为，找对了用户的需求就是找对了路。[15]

“追随用户”正是张瑞敏给 HOPE 平台确定的核心原则，他要求平台一定要让用户和资源方零距离交互，只有真正聆听到用户的声音，才能发现用户的需求；只有真正发现了用户的需求，创新才不会迷失方向。为此，HOPE 平台建立了一整套以用户为中心的创新方法论，这套方法论包括微洞察、需求破题、资源网络、资源评估、项目执行等多个环节，每个环节都要求与用户时时、持续交互，以防创新的方向发生偏差。

比如，在微洞察环节，HOPE 平台的人员致力于找到真正的问题源，这就需要他们持续与用户交互，发现用户的痛点。所谓用户痛点，即用户在使用产品过程中因其主观期望未被满足而造成的心理落差，反映的是既有需求与产品功能之间的差距。用户痛点可以分为已知痛点（现有技术或水平无法在产品中实现某些需求）和潜在痛点（用户在使用产品时产生的某些需求）。只有深入挖掘用户心理预期与产品功能的差距，紧抓用户痛点，才能精准把握用户需求。[16]

原则三：既关注当前技术，也关注前沿技术。

HOPE 平台在整合外部技术资源时，既会帮助海尔产业平台整合产业急需的技术资源，也会密切关注新技术的出现可能带来的潜在价值，从而将技术储备起来，以便以后将技术整合进海尔的产业研发当中。

比如，2015 年，HOPE 平台发现了一款智能显示器，便将其引入存储在 HOPE 知识库，随后海尔结合该技术，推出了一款全新产品——海尔魔镜，该产品团队独立组建了一家小微公司，这家小微企业将魔镜产品应用到衣联生态圈之中。

原则四：双向整合知识。

尽管不同的人对开放式创新有不同的理解，但其本质是对创新知识的整合，被誉为开放式创新之父的加州大学教授亨利·切萨布鲁夫尤其强调知识的双向整合。

> 开放式创新概念事实上出现了一些混淆。我提出的开放式创新是基于经济学文献中关于研究与发展的讨论，其关注“溢出”，即知识会在特定的项目之外产生溢出。……我的开放式创新研究模型中，知识从外部流入公司和由公司向外输出都是可以被组织和管理的。不同于无目的的溢出，企业可以有目的地管理知识流，比如从企业外部引入知识，我称之为“内向开放”，或者是企业有目的地向外输出知识，我称之为“外向开放”。因此，从我的角度，开放式创新是指：知识流入组织以及知识从组织流出，同时，组织的商业模式决定了组织引入什么样的知识以及什么样的内部知识可以被输出。[17]

知识的向内开放和向外开放共同构成了开放式创新的知识流动，

事实上，海尔的HOPE平台兼具这两方面的功能，它在帮助海尔内部产业引入外部知识的同时，也会把海尔自己拥有的技术资源向外输出给生态合作伙伴，从而形成内外融合的开放式创新模式。

原则五：以共创、共享、共赢为核心机制。

我在跟踪研究HOPE平台上多个创新案例后，发现健康的生态网络关系可以促进企业间的知识共享，能够更加有效地促进创新合作。为了构建这种健康的创新生态网络，HOPE平台以共创、共享、共赢为原则来设计价值创造与价值分配机制。在访谈中，HOPE平台负责人滕东晖告诉我：

> 尽管HOPE平台自己本身不去设计价值分配机制，但是，我们会对各资源方的利益分配机制进行监控，这也是平台治理机制的一个重要组织部分。只有各资源方实现共赢、共享，才能实现价值共创，才能建立持久的合作关系。

HOPE平台以共创、共享、共赢这六个字为原则，从价值识别、价值创造到价值分配，全流程不断优化和迭代生态合作伙伴之间的合作机制，促使创新生态系统中的各个伙伴结成利益共同体，唯有如此，创新平台才能不断聚合生态资源，才能提高创新的活力。

利用共享的知识产权创造价值

我和许多企业领导者在交流开放式创新模式时发现，大多数的领导者都很认可开放式创新的理念，但是，许多领导者迟迟不愿意采取行动，其中一个很重要的原因是他们担心开放式创新是否会导致核心技术、知识产权等受到侵犯。

这其实是一个思维模式的问题。亨利·切萨布鲁夫认为实践开放式创新的前提条件是拥有开放整合的思维模式，这与企业家对于增长与机会的认知模式有关。如果一个企业家认为企业当下面临非常多的发展机会，开放式创新就变得有必要了，因为开放式创新可以使企业花费更少的内部经费实现更快速的发展，企业甚至可以与合作伙伴分享发展过程的风险。但倘若企业家思维方式固化，首先担心的是企业的竞争对手，并关注自身已有技术资源的保护，那么，很多时候企业就不愿意尝试开放式创新。因此，开放式创新缘于一种开放式的思维方式，认识并相信企业可以通过开放和合作实现更快的增长、更小的风险、更少的投入。如果企业领导者不认同这个思维，那么企业就不会实践开放式创新。[18]

HOPE 平台在治理上，既强调对专利和知识产权的保护，又建立了知识产权共享机制。比如，在 2019 年中国家电及消费电子博览会上，海尔推出了干湿分储技术的升级版——阻氧干湿分储技术。该技术通过纳米级抑氧调湿分子膜 HCS Plus 三层滤化结构，经历溶解、搬运、蒸发三重作用，透水不透气，阻抑氧气进入，在减缓食材氧化的同时温润保湿 90%，控湿不凝露；同时配以 360° 密封自锁抽屉，对保鲜空间进行精密控制。通过阻氧干湿分储技术保存的果蔬，失重率降低 1/2，保鲜效果提升一倍。

阻氧干湿分储技术的诞生，是 HOPE 开放创新平台整合全球创新资源、实现知识共创的结果。2015 年，海尔曾经率先在行业内研发出干湿分储技术，终结了冰箱行业百年来保湿不保干的历史。在干湿分储技术诞生后，研发团队一直试图尝试进行技术升级，却苦于没有思路，一直无法实现突破。

HOPE 平台接到研发团队提交的技术需求后，向平台上相关专家进行技术咨询，通过全球创新资源网络寻找资源，迅速匹配到了合适的技术提供方。双方在经过多番探讨实验后，最终创新出技术升级方案，研发应用在冰箱上的 HCS Plus 生态膜，通过抑氧 + 调湿的方法，实现了冰箱内部 90% 湿度精控和氧浓度自适应调控。该技术已拥有 11 项国际专利和 29 项国内专利，其中，HOPE 平台上的资源方有膜产品的本身专利，海尔拥有膜产品在冰箱上的应用专利，双方协同起来共同创造了价值，既保护了各自的专利，又通过知识共享的方式共同创造了价值。

开放式创新和共享知识产权密不可分，共享知识产权的意义在于它可以利用思想的多元性、技术的多样性加快创新速度、提高创新水平。我发现，技术的多样性、异质性是创新能力的来源，开放式创新在跨界、跨区域整合技术知识方面具有重要作用，而对那些习惯于封闭式创新的企业来说，技术相似性会减少企业获取新的技术知识的机会，使企业更新知识池的难度增大，导致企业锁定技术轨道，影响企业的创新，其创新能力会越来越弱。

许多实施开放式创新的企业把研发过程分成了两个阶段：第一个阶段是开放研发，这个阶段以开放式创新为主，创新伙伴之间的知识共享、技术共享加快了研发的效率，使效率最大化；第二个阶段是内部研发，这个阶段以封闭式创新为主，利用内部强大的研发能力夯实专利技术，使效益最大化。我认为这两个阶段是相辅相成、相互支撑的。葛兰素史克的 CEO 安德鲁 · 威蒂将之比喻成“攀登珠穆朗玛峰”：

> 这个过程就像是攀登珠穆朗玛峰，有时候我们需要一些帮助才能到达大本营，一旦到达大本营，我们就有机会去攀上顶峰。但如果我们不能到达大本营，我们就根本没有登上最高峰的机会。[19]

实施开放式创新的关键在于平衡，既能通过开放式创新提高研发效率，又能通过封闭式创新提高研发效益；既能共享知识产权，又能保护知识产权；既能获得研发带来的短期收益，又能获得科技创新带来的长期收益。这种平衡状态需要企业领导者在推动开放式创新的过程中不断探索。

不管何种创新模式，都是手段而不是目的，企业的根本目的是为用户创造价值，获得持续的竞争优势。创新永远不能背离这一目的，否则，就会本末倒置，把手段当成了目的。下面这个真实的故事能够帮助我们来理解什么是创新的有效性。

1911 年 12 月的一天，一支南极探险队正在艰难地拉着雪橇穿越茫茫雪原。是的，他们是“人拉雪橇”，而不是“狗拉雪橇”！这支探险队的队长是 43 岁的英国探险家罗伯特 · 斯科特，他正率领这支探险队前往南极点。与此同时，另外一支探险队也正在前往南极的路上，队长是 39 岁的挪威探险家罗尔德 · 阿蒙森，但他们是坐在“狗拉的雪橇”上，而不是人拉雪橇。斯科特和阿蒙森正在竞争，他们都希望成为历史上第一支达到南极的探险队。

最终的结果是，阿蒙森带领的探险队于 1911 年 12 月 15 日到达南极点，斯科特的探险队于1912年1月17日到达南极点，阿蒙森的探险队胜出。而斯科特的探险队在返回的途中，遭遇了暴风雪毁灭性的打击，这支探险队的5名队员最终全部被冻死。这两支探险队选择了相邻的出发时间、相似的行走路线，都处在相似的恶劣环境中，但是，为什么阿蒙森获胜，斯科特失败？显然，导致这种情况的原因不仅仅是恶劣的环境，还有他们采取的截然不同的行为。

比如，在交通工具的选择上，阿蒙森向生活在极寒天气里的因纽特人学习，选择的是狗拉雪橇。这是因纽特人数百年来积累的生存经验。而斯科特不同，他选择的是矮种马，并且把赌注押在“机动雪橇”上。和阿蒙森相比，斯科特创新地选择了新式的交通工具，但是，这些工具从来没有在极寒的天气中被验证过。结果是，矮种马容易出汗，这在极寒的天气里可不是好事情，在冰天雪地中，矮种马身上极易结冰，最终都被冻死了。而“机动雪橇”在极寒的天气中，只工作了几天，就出现了故障。无奈之下，斯科特的团队只能是人拉雪橇，消耗了他们大量的体力。[20]

显然，在探险工具的选择上，斯科特的失败之处在于“创新”，而不是借鉴已经成功且得到验证的实际经验。创新的重点不在“新颖”，而是有效性。我认为，衡量创新有效性的最重要标准就是为用户创造价值，这恰恰是HOPE平台的核心能力。在了解了HOPE平台的运行机制后，全球知名的战略管理学者加里·哈默对HOPE平台给出了如下评价：

> 海尔建立开放创新平台，针对挑战性技术找到解决方案。这样持续、深入地与客户对话，推出的产品必然能满足用户需求。

海尔 HOPE 平台在海尔黑海战略中承担着重要的作用，它赋能生态中的产业和小微企业在全球快速搜集、整合技术资源，提高研发效率的同时也极大地提高了研发的成功率。在接下来的一章，我将聚焦于共享平台如何赋能小微企业。

第7章

大共享平台：共创共赢的赋能增值平台

共享经济的核心在于让信息对称，提高信息匹配效率，以及挖掘使用权的价值。

——2012 年诺贝尔经济学奖获得者　埃尔文·罗斯

2012年诺贝尔经济学奖由埃尔文·罗斯与劳埃德·沙普利共同获得，获奖理由是他们在“稳定配置理论及市场设计实践”方面做出了杰出贡献。两人可谓黄金搭档，沙普利在理论方面做出了很大的贡献，而罗斯则在将理论应用于实践方面做出了巨大的贡献。罗斯认为市场设计者不仅需要深入理解使各类市场有效发挥作用或无效的市场规则和流程，也需要深入地了解特定市场的运行情况和要求，以便在这些机制遭到破坏时对其进行修复，或者在这些机制缺失时从头开始构建市场。[1]

同样，实施黑海战略的企业需要深入理解平台的特征和赋能模式，以便更好地设计平台运行的机制，提升平台的赋能能力。衡量一个平台的赋能能力，核心是评估平台帮助生态系统中创业企业解决实际问题、助力它们创造价值的能力。比如，对许多创业企业来说，签订商务合同是一件费时、费力，且颇费周折的事情，有时，由于各种原因，一份合同的签订可能要耗时一个多月的时间，这的确让创业者感到很头疼。2017年7月，海尔利用区块链安全、共享的分布式技术，打造出海尔智能合约平台，实现了智能化签约、履约。

海尔智能合约平台将供应商入库、招投标、合同自生成、交互可视化、电子签署、智能履约等六个环节全部实现了电子化、智能化。该平台的创新之处是颠覆了现有合同公议流程，打造合同文本交互平台，实现内部同步、线上可视化交互，交互过的意见都被记录并汇总沉淀到海尔大数据库。从交互到签署的全流程会利用区块链技术进行同步记录，实现全流程证据固化。共同公议过的合同，可以通过电子合约技术，直接进行线上签约并存证，而沉淀下来的合同处理数据，将通过大数据分析、提炼，最终实现同类型标准合同文本的共性优化和个性化推荐。在智能合约平台中，各类非标合同都被标准化，而标准化合同则在用户签约后直接存证，不需要重复公议环节在保证合同法律效应的前提下，流程简化、效率提高、成本降低。[2]

智能合约平台极大地提高了海尔小微企业签订合同的效率，降低了成本，深受小微企业的欢迎。推出智能合约平台的是海尔的“大共享平台”，这一平台始于海尔早年建设的共享服务中心。2006 年，海尔提出按照“先青岛、再全国；先中国、再全球”的原则建设全球财务共享服务平台。随后，在黑海战略的驱动下，海尔逐步将财务、税务、资金、人力、数据、法律等职能模块集中、融合，从而形成了今天的大共享平台。该平台的战略目的是为海尔生态系统中的小微企业提供系统化、智能化、高效化的基础服务和赋能增值。简言之，海尔大共享平台是一个共创共赢的赋能增值平台，它的用户就是小微企业。

在这一章，我将首先解释大共享平台的核心功能，以及它如何赋能小微企业。然后，我将解释海尔为什么要建设大共享平台，它是如何演变发展的。最后，我会分析其他企业能够从海尔的大共享平台案例中借鉴到什么。

赋能：基于管理的“全职能”

大共享平台上包括财务、资金、税务、人力、法律等模块化服务，这些服务覆盖了小微企业管理需要的“全职能”模块，而且这些职能服务平台全部实现了数字化、智能化、生态化，本质上就是一个拥有智能化决策功能的数字化管理平台。大共享平台的核心特征是开放性，它广泛链接了外部的生态资源，比如，链接了税务局、工商局、社保局等 20 多类外部机构，从而形成了一个以赋能小微企业为核心目标的共创共赢的生态圈（图 7-1）。

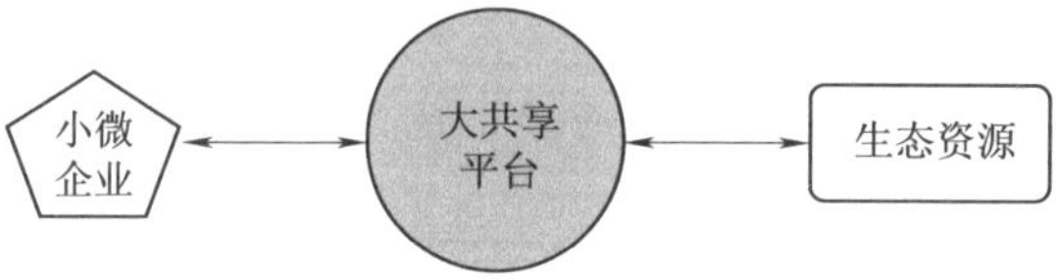

图7-1　大共享平台：连接小微企业与生态资源

大共享平台在海尔的生态系统中具有重要的作用。2018 年，海尔将大共享平台定位成人单合一模式的基础平台和赋能增值平台。作为基础平台，大共享将企业管理职能模块全部集成起来，并将服务全部数字化和智能化；作为共创共赢的赋能增值平台，大共享平台服务海尔全球 33 个国家和地区的数千家小微企业的成长与发展，提供10种服务语言和39种货币结算业务，拥有全球4大现金池，涉及8大行业110个产业，对海尔生态系统中的小微企业实现了全方位的系统化、智能化、高效化赋能。下面，我逐一分析大共享平台上各子平台的核心功能。

全球财务共享平台。财务共享平台作为人单合一的基础平台，它以用户体验为核心，从创客、小微企业、利益攸关方3个维度搭建了26个无感化服务场景，覆盖智能报销、智能开票、智能对账等，为海尔生态系统中的小微企业提供了全生命周期的财务解决方案和增值服务。海尔集团CFO邵新智认为全球财务共享平台实际上是一个“财务云生态圈”。

> 全球财务共享平台，即“财务云平台”，以“共创、共享、共治”的核心理念作为切入点，直面用户真实需求，搭建一个共生共赢的生态圈。生态圈将会计、税务、融资、外汇、现金池、创客、客户、政府等社群融为一体，为海尔集团白色家电平台、服务投资孵化平台、金控平台、地产平台以及文化产业平台提供高效增值的服务。[3]

资金平台。资金平台的定位是海尔生态的“智慧司库”，平台以全球四大资金池为核心，服务于全球23个国家，5 000多个银行账户，实现90%的业务银企直连，资金24小时不落地；同时并联全球40多家银行资源，管理39种货币。资金平台可以赋能小微企业实现内外部金融资源的统筹管理，帮助小微企业进行融资和资金结算、外汇体系管理，同时提升资金预测和风险管控能力。

全球税务平台。全球税务平台的定位是全球引领的税务合规高效生态圈，为小微企业增值赋能，驱动小微物联网引爆。全球税务平台的引领目标是实现“三个一”：一个税企互联互通平台，一个政企攸关方诚信的税生态平台，一个税务政策应用平台，确保税务政策的落地实施，帮助小微物联网转型。在信息越来越透明化的大环境下，全球税务平台首创了税务管理智能化平台——税务驾驶舱，为小微企业提供一站式税务健康体检，实现税务事前智能化算赢。

人力共享平台。人力共享平台是一个数字化云服务平台，以云服务大厅替代了传统的物理大厅，将传统线下入职、离职、合同续签 / 改签等 53 项业务和 113 个流程节点转型为 15 个云场景，通过 4 个端（App 创客端、App 小微端、PC 创客端、PC 小微端）全面触达创客和小微，为小微企业的创客们提供零跑腿、零签字、零等待的极致服务体验。同时，人力共享平台上的人力资源专业人员还形成了三个链群：创客云链群、政企通链群、智慧薪酬链群，每个链群相互融合，共同为小微和创客赋能增值。

DTS（digital technology service，数字技术服务）平台。DTS 平台是大共享平台的科技赋能平台，通过推进“海安盾”“iHaier”等科技应用，为小微企业提供全球化、全生命周期的 IT（信息技术）治理和 IT 服务。DTS 平台是整个海尔集团的数据中台，通过云计算、人工智能、5G 等新技术驱动模式创新和流程迭代，成为小微加速升级和转型的数据引擎。

商业法律平台。商业法律平台的定位是构筑诚信的商业生态。该平台也是一个高度开放的平台，通过连接法律专家和人工智能专家，联合开发法律产品，搭建全球法律风险体系，赋能小微企业及时、动态、精准地掌控法律风险。法律平台不再像传统的法务部门那样提供一对一的服务，而是将提供服务转变成提供有竞争力的法律产品，用产品的思路去链接新技术、新资源。

以上六大功能是海尔大共享平台的核心赋能能力，这六个模块化的服务可以为小微企业提供智能化的服务，涵盖了小微企业成长需要的所有管理职能模块。

赋能：基于企业成长的"全生命周期"

大共享平台还结合小微企业的成长阶段进行定制化的赋能。根据企业的成长轨迹，大共享平台将小微企业的成长分为初创期、成长期、成熟期以及转型期这四个阶段。大共享平台根据小微企业在每一个阶段遇到的问题，为小微企业提供覆盖全生命周期的赋能，形成了四大类赋能解决方案（图 7-2）。

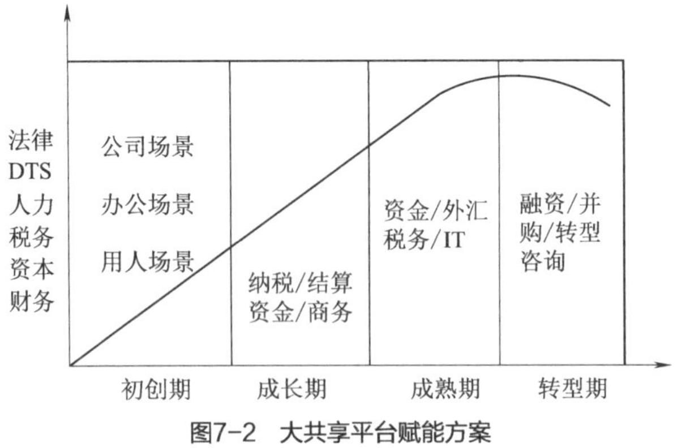

图7-2　大共享平台赋能方案

1. 初创期赋能

小微企业生命周期里的第一个阶段就是初创期。在这个过程中，小微企业需要很多基础性的服务。大共享平台将小微企业在初创期需要的服务分成了三大场景：公司场景、办公场景和用人场景，并对每一个场景匹配了相应的解决方案。

公司场景。小微企业在设立时，可以通过大共享平台上的“E企通”平台自助高效地设立小微企业。过去，创客要自行准备法律文件，到工商局审核、刻章、注册税务等，不仅准备资料繁杂，而且多次往返审批机关，也经常遇到由于资料不完善，流程被多次退回的问题。而 E 企通平台内部并联财务共享、全球税务、人力共享、DTS 等平台，外部整合工商、税务、银行、公安等生态合作方，通过政企互通、共享并联、产业融入迭代自升级模式，为小微企业提供一站式服务，包括工商注册、印章刻印、社保 / 公积金 / 银行开户等全流程服务，让创客可以云端自助设立公司，提升了 80% 的办理效率，节省了 90% 的成本，实现了工商零退回，为小微的初创赋能增值。

办公场景。DTS 平台打造了小微 / 创客的移动办公平台 iHaier，支持创客移动化、全实时在线、社交化、全球化的协同办公需求，该平台成为“创客口袋里的办公室”。iHaier 拥有三大开放能力：基础协作能力、聚合能力和生态链接能力。其中基础协作能力通过服务云化，通过实现三端（PC、移动、会议室）互联互通，打造移动邮件、会议、在线沟通、文档协同编辑、直播等办公体验场景，随需随用，实现基础办公协作能力的全球化、服务化、非线性化；聚合能力通过开放的平台框架聚合各产业服务及个性化应用；生态链接能力通过平台的互联互通能力，实现上下游及合作方价值链的链接，实现创客与价值链资源随时协同交互。

用人场景。为了让创客入职更便捷、体验更极致，人力共享平台推出基于数字化的新模式：体检方式由线下升级为线上一站式体检平台 App、线下签订纸质劳动合同升级为电子劳动合同、上线 7 × 24 小时自助一体机“小海鸥”和社保直连、和医保直连、和公积金直连（全国社保直连、公积金直连等）。

2. 成长期赋能

成长期是小微生命周期中的第二个阶段。这个阶段小微企业的需求主要体现在账务处理、纳税管理、结算管理、资金管理、商务合同等方面，针对每一个需求，大共享平台都有相应的赋能体系。

纳税管理。大共享平台上的“智税通”是为解决企业税务管理的痛点难点，打造出的共创、共治、共享的税企生态。“智税通”通过税务管理模式创新和大数据互联互通，真正解决了税企之间“最后一公里”的障碍，实现了税企双赢。“智税通”平台包含退税宝、智能申报、政策一点通、智能风控等税务全生命周期的智能解决方案。其中，退税宝不但提高了税务局人员的审核效率，还同时缩短了纳税人退税周期，退税及时到账，支持中小微企业盘活流动资金，出口退税周期从 210 天缩短到了 30 天，提升了企业资金效益；智能申报，提高税务遵从效率，降低人工成本，智能自检，规避涉税风险，降低纳税成本。政策智能自查，涉税优惠政策智能推送，及时享受税收优惠。

在过去，企业在报税办税时需要手工填报关联业务往来报告表、重点税源报表等大量涉税报表。报表内容往往重复涉及大量的企业基本信息，交易状况、资产状况，手工填报效率低下，准确度又得不到保障，大大增加了企业的管理成本。而“智税通”通过调用海尔集团的ERP（企业资源计划）资源，对外直联税务局大数据，实现系统取数并自动生成纳税申报表，实现了法人公司一键纳税申报，彻底颠覆了传统的办税模式。

结算管理。大共享平台上的“票联网”依托区块链技术，搭建了并联自驱的链式结算体系。企业间的业务结算，离不开证明业务链条完整闭环的各种票据。但是购销双方在结算时往往都以自己的数据为准，互不信任。为此，双方会进行大量的单据往来和核对，将大量的时间和人力花在核对和校验上。

海尔“票联网”的链式结算体系，将订单、合同、发票、账单等重要材料进行解构，实现从“票据”到“数据”的转化，同时利用区块链分布式记账、不可篡改的特性，实现了对账信息的透明化、可信化，以合同为驱动，让数据贯穿于采购、付款、销售、运输、收款、用户口碑等全业务场景，推动订单流、业务流、资金流全流程透明闭环，帮助购销双方实现了秒对账、秒开票和秒结算。

资金管理。大共享平台上的“易付宝”赋能小微企业通过数字化的手段将资金集中管理。比如，海尔智家场景体验小微（体验店）在打通线上线下、移动端渠道、搭建数字化营销平台，实现物联网转型的过程中，面临着资金收付手续费高、贷款利息高且额度低、线上制度平台不完善等一系列痛点。“易付宝”通过与用户深入交互，提出了通过资金聚合搭建资金池的方案，进入资金池的资金可以获得利率的收益，利用资金聚合实现每笔手续费下降47%的降费成果，解决了用户在资金收、存、管三大场景的痛点。同时，“易付宝”平台的建立，帮助体验店小微企业实现了订单、发货、安装、库存、售后等数据信息的节约化管理，借助大数据分析可以了解用户的特征与喜好，为体验店店主提供个性化的经营决策支持。

商务合同。在物联网时代下，传统的一对一的线性合同模式已不能满足用户多元化场景聚合的需求，商务法律共享平台上的“区块链合同”颠覆传统合同签订、合同履约、业务结算全流程，将串联孤立的节点变成并联共创的生态，将合同融入了整个商业合作的全流程中，形成了生态圈特有的“生态合同”。

3. 成熟期赋能

成熟期是小微企业生命周期中的第三个阶段，大共享平台为这个阶段的小微企业提供资金管理、外汇管理、税务管理、信息化管理等专业赋能服务。

资金管理。大共享赋能平台通过信息技术、数据互联等优势，助力小微企业实现资金池的高效智能化管理，赋能海尔生态中的全球小微企业创造价值。比如，资金平台与生态资源方共创了新加坡资金池，通过当地离岸账户重构了单体多币种虚拟现金池结构，解决了海外平台涉及公司多、国家多、资金散的用户痛点，不仅实现了平台代收代付和资金集中管理，更从体系上优化了海外现金管理流程；在资金运营上，实现资金可视，提升全球范围的资金预测能力；在资金结算上，实现银行通道零延误，闪收秒付提升用户体验；资金收益上，大资源换大资源，减少了闲置资金余额，从而帮助小微企业实现了企业资金效率和效益上的双提升。

外汇管理。受全球市场高度动荡变化的影响，外汇市场也呈现出动荡的变化，因此，专业化、系统化、信息化、全球化的外汇管理模式显得尤为重要。资金平台与生态资源方共同开发外汇管理方案，实现了对外汇全流程一站式管理。前端外汇敞口实时可视，小微企业可以实时发起锁汇申请，外汇交易实现和银行交易系统对接，多家银行实时报价并可以在线择优成交；中台集中于风险管控，降低外汇风险；后台对接内部系统，及时清算和入账。

税务管理。全球税务共享平台以每个小微企业“税务政策零遗漏”为目标，搭建了一个并联的自驱平台，平台并联经信委、税务局、研发、产业各攸关方，实现信息互联互通、价值共创共享。

信息安全管理。DTS 平台的“海安盾”为成熟期的小微企业提供信息安全最佳解决方案，它是行业首家打通用户、平台、工厂的工业互联网全流程安全管控体系。其目标是构建一个以用户为中心，以大数据和机器学习驱动信息安全的安全生态品牌，构建工业互联网生态圈安全态势智能感知和敏捷安全应急响应的安全统一平台，实现工业互联网全链条安全可感、可控、可防。海安盾针对交互、营销、设计、采购、生产、物流等定制化全流程实现资产发现到安全预警，再到节点的主动安全扫描及安全事件的应急响应，赋能小微企业全流程的安全动态感知及敏捷响应。

4. 转型期赋能：寻找第二曲线

大共享平台为小微企业提供了初创期、成长期、成熟期全面的赋能增值之后，随着小微企业的成长，规模越来越大，原来的商业模式需要转型升级，小微企业将会面临如何选择“第二曲线”的挑战。此时，大共享平台还可以赋能小微企业进行转型升级，寻找第二曲线。

比如，大共享平台可以为需要转型升级的小微企业提供商业模式设计、股权激励、融资、并购、上市、法律等专项服务。

从“温度计”到“温控器”

从2006年到2020年，海尔历经近15年的时间，重塑了管理职能部门，在组织形式上将传统的筒仓式部门结构变革成为数字化、智能化的大共享平台。相应地，管理职能部门的角色也从原来的管控者转变为赋能者，从战略变革的旁观者转型为战略变革的推动者。

在《海尔转型——人人都是CEO》一书中，我详细解释了海尔的管理职能部门如何支持集团整体的战略转型。比如，海尔的财务系统和许多企业的财务系统不同，没有躲在公司变革的背后，把自己当成变革的“观察家”，而是把自己视为变革的“推动者”和“引领者”。张瑞敏认为传统企业的财务是“看着后视镜开车”，只会事后算账，他给海尔财务确立的战略定位和使命是“做规划未来的财务”，要求财务从“事后算账”向“事前算赢”转型。[4]

在一次访谈中，曾任大共享平台战略总监的刘刚告诉我：

> 在整个转型的过程中，我们把海尔财务的战略归结为八个字：规划未来，引领双赢。具体而言，就是做有价值、引领性的财务，就是真正地在企业的发展转型当中起到一个重要的助推作用。谭总（海尔集团时任首席财务官谭丽霞）提炼出了财务转型的战略模型，这个模型的核心是上接战略，下接小微。海尔的战略是要把一个大的航空母舰变成若干个联合舰队，小

微企业就是海尔集团基本的创业单元。从财务管理的视角，我们就是要研究如何去激发每一个小微企业的创业活力，如何去准确核算出每一个小微、每一个创客创造出来的真正价值。

海尔集团执行副总裁、海尔金控董事长谭丽霞，从2006年至2018年一直担任海尔集团首席财务官，她是海尔大共享平台建设的主要推动者，也是海尔管理职能部门传统角色的“颠覆者”。“我们最担心的是我们不知道是谁，在什么时候会颠覆我们的核心业务，所以，我们能做到的就是自我颠覆。”[5]

基于对传统财务模式颠覆的实践经验，谭丽霞逐步构想出了建设大共享平台的战略模型，这一模型的核心是：上接战略目标，下接小微企业，并且重塑价值创造与价值评估模式（图7-3）。

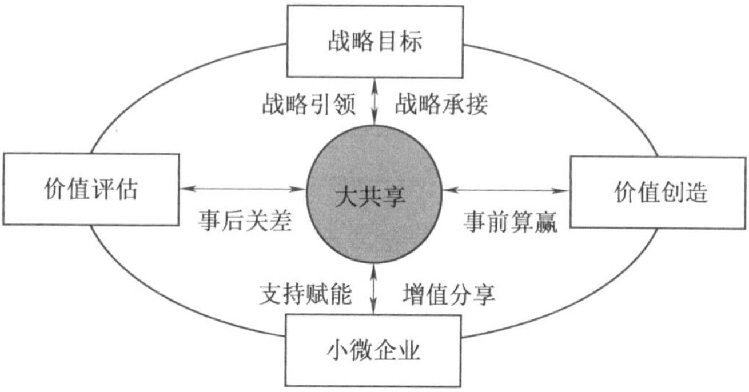

图7-3　大共享平台的机制

所谓上接战略目标，指的是大共享平台的战略定位，大共享平台的每一个职能模板、每一个子平台首先要做集团战略的承接者，然后，逐步升级为集团战略的引领者。所谓下接小微企业，指的是大平台上的每一个职能模块和每一个子平台要做小微企业的赋能者，要为小微企业创造价值，平台的价值主要体现在为小微企业创造的增值，而且只有增值后才能分享价值。

在价值创造方面，大共享平台上的各个子平台、各个职能模块要融入小微企业的运营之中，从“后台”走向“前台”，帮助小微企业设计“事先算赢”；在价值评估方面，则通过“事后关差”机制，帮助小微企业找出业绩差距的原因，提供优化和改进的措施，关闭业绩的差距。张瑞敏将职能部门的转型形象地比喻成从“温度计”变成“温控器”。

> 国外一家著名公司曾经前来了解我们的模式，问职能部门是怎样颠覆的呢？他们从来都没有想过，我们将人力、财务、信息等完全整合为一个平台。在这个平台上，有两个功能：第一个是共享平台，像财务共享平台、人力共享平台，都在这个平台上实现共享。共享平台要做到“活而不乱”；另一个是驱动平台，它的目标是“事先算赢”。以前，所有的职能部门都像是一个“温度计”，我们希望它不是“温度计”，它应当成为一个“温控器”。我不需要部门来告诉我“这个房间是35摄氏度”，我需要它是25摄氏度，部门就应当使它降到25摄氏度，至于如何实现这个结果，应该由“温控器”来控制和掌握。[6]

从“温度计”到“温控器”，职能部门的定位发生了重大的变化，不再是“事后评估”，而是要做到“事先算赢”，这对海尔原来的财务管理、人力资源管理、信息化等部门都是很大的挑战，这种转型需要部门的工作人员全部融入小微企业之中，参与小微企业的运营，帮助小微企业创造价值。海尔为了鼓励职能部门的员工真正地融入一线小微企业之中，还设计了增值分享机制，将职能部门的薪酬与小微企业的绩效紧紧捆在一起，结成利益共同体。

如今，在海尔大共享平台上，原来的职能部门，比如财务管理、人力资源管理、法务部门、信息化部门，都已经转型成小微企业，它们也需要进行独立核算，围绕着用户的需求，这些小微企业常常自发结成不同的动态小微链群，为海尔生态中数千个小微企业提供增值服务，并通过对赌机制从增值中获得自己的收益。

变革的“阿喀琉斯之踵”

在《荷马史诗》中，有一位英雄阿喀琉斯，他是凡人英雄珀琉斯和海洋女神忒提斯的儿子。忒提斯非常爱儿子，为了让儿子炼成“金钟罩”，刀枪不入、永不死亡，便捏住阿喀琉斯的脚后跟将他倒提着放入冥河水中浸泡。结果，被忒提斯捏住的脚后跟没有泡进冥河水中，成为阿喀琉斯身上最脆弱的地方，也是其唯一一处“死穴”。后来，在一次战斗中，特洛伊王子帕里斯用一支毒箭射中了阿喀琉斯的脚踝，致其死亡。人们常用“阿喀琉斯之踵”说明一个道理：再强大的人，也有致命的死穴或软肋。

海尔利用十余年时间构建了大共享平台，该平台已经成为海尔生态中小微企业的赋能增值平台，当然，在从传统职能部门向共享平台转型的过程中，海尔也遇到了许多挑战，我在访谈中听到过许多相关的案例。海尔职能部门的平台化转型给我们的一个重要启发是，如果没有职能部门的战略承接和战略引领，企业的整体变革就不会顺利落地。多年以来，我一直聚焦于研究企业如何进行战略转型和组织变革，跟踪研究了许多大中型企业的变革案例，我发现许多企业在变革中之所以推行缓慢，或者效果不理想，甚至半途而废，重要的原因是人力、财务、信息化等职能部门成了企业变革的阿喀琉斯之踵，它们成了企业变革的软肋，跟不上战略转型的步伐，甚至有不少企业的职能部门成了变革的障碍，成了变革的消极抵触者。

为什么会出现这种情况？其背后的深层次原因是什么？我发现一个重要的原因是这些职能部门长期得不到企业高层领导者的真正重视，导致其专业能力、变革能力都很弱。也许，一些企业领导者并不同意我这个结论，甚至会矢口否认。如果你亲自问这些企业的高层领导者，他们无一例外地都会强调职能部门的重要性，但是，他们所谓的重视只是停留在口头上，如果你深入分析一下企业分配给职能部门的预算，就会发现这些部门在企业中有多寒酸，有多尴尬。有一次，一家企业的首席信息官向我抱怨说：

> 我不能说我们老板不重视信息化工作，在每个月的高管会议上，他都会强调信息化的重要性，说互联网时代，各级管理者都一定要重视信息化、数字化工作。但是，一提到预算，就少得可怜了。信息化的工作有一个特点，投资大，见效慢，而且投资周期长，不像销售部门，业绩立竿见影。信息化的工作非常有挑战性，我人手也不足，所以，能干多少就算多少吧。

除预算不足之外，职能部门在人员配备上还捉襟见肘。更麻烦的是，一些企业领导者把职能部门当成了后勤部门，忽视了这些部门的专业性，把企业中一些“老弱病残”都安排在这些部门之中，人员数量不少，质量不高，专业化能力很弱。

如何才能够让职能部门变成战略的承接者、引领者？结合我多年对海尔大共享平台的跟踪研究，有以下 4 个建议。

第一，赋予职能部门在变革中的战略地位。战略地位决定了变革的角色，企业领导者需要真正在变革中给予职能部门战略地位，推动他们成为变革的引领者。在谭丽霞刚刚担任首席财务官时，张瑞敏对她及财务部门寄予厚望，并对首席财务官这一职位和财务部门给出了清晰的战略定位：“一个首席财务官要能够规划未来，引领双赢，能够推动整个集团战略转型，而不能成为阻碍者。”[7]

第二，配置优质的资源与人员。战略定位决定了资源配置，在推动变革时，要给予职能部门相对充足的资源配置，尤其是配备专业能力和业务能力都很强的管理者。谭丽霞 1992 年从中央财经大学毕业后加入海尔，上班之初的几年时间里，她一直在生产车间工作，这让她对冰箱、空调的生产、经营等环节有了非常深入的了解。从 1997 年开始，谭丽霞在海尔海外推进本部工作，担任海外推进本部部长，主要负责海外市场，一直工作到 2006 年，其后便开始担任集团首席财务官，开始推进财务系统及其他职能部门的变革。我曾经访谈过大共享平台上 20 多位管理者，发现在海尔的财务系统、人力系统中有许多管理者都兼容了业务能力与专业能力。这使得大共享平台上的人有能力去赋能和支持小微企业，和小微企业一起研究数据，发现哪些有机会、哪里有风险。

第三，塑造开放连接能力。互联网的出现消除了距离，带来的最大好处之一是资源整合的便利性，企业应善于利用“不为所有，但为所用”的资源整合理念，快速连接、配置、整合资源的能力将成为企业的一个核心竞争能力。事实上，海尔的大共享平台连接了许多生态资源，这些生态资源与大共享平台上的专业小微企业共同组成团队为产业小微企业赋能。尤其是对那些职能部门专业能力非常弱的公司而言，短期内通过招聘人员，重组团队提升专业化管理能力是不太现实的选择，一个有效的策略是快速整合行业内最优质的资源“为我所用”。

第四，要有战略耐心。海尔从2006年就开始尝试建立共享服务中心，从共享服务中心到大共享平台，花费了十余年的时间，这其中经历了大规模的部门重组、人员更新、流程再造。任何企业在管理职能上的变革都不会一蹴而就，要有战略耐心，持续变革。比如，谭丽霞在刚刚接手财务系统工作时感受到了极大的挑战。“那时候财务部门是集团内部评比中大家满意度最低的，财务人员工作辛苦、枯燥，大家怨声载道。”如何改变财务人员被动、后滞的局面？如何把财务部门打造成为与企业发展战略匹配、与时代匹配的部门？这些问题都没有现成的答案，都需要她逐步解决。“坦率地讲，对于如何颠覆、创新，海尔并没有现成的指南，每一次探索都是试错。”正是在一次次的试错之中，海尔的大共享平台逐步形成，赋能能力也逐步增强。当然，今天大共享平台依然面临许多挑战，需要不断优化和提升赋能能力。

总之，大共享平台坚持赋能每一个创业者成就自我，让每个人都成为自己的CEO。这也是海尔人单合一管理模式的精髓，更是变革中的攻坚战。对于海尔的变革与重塑，既有热议，也有非议。面对这些，张瑞敏坦言变革需要勇气。

> 海尔变革要如同北宋的改革家王安石所提出的，“天变不足畏，祖宗不足法，人言不足恤”，这三条可谓我们现实的写照——现在大家天天谈的就是互联网，我们是害怕、逃避呢，还是主动去拥抱它？一般人是害怕的，认为“电商没法干了，实体店开不成了”，那这样你就完了。所以要“不足畏”，不要去害怕它，把它当成机遇；第二就是祖宗不足法，传统管理都是“祖宗”，但是已经不适应互联网时代了，我为什么不能创新呢？最后，我们现在最重要的是“人言不足恤”，外界怎么评论，是各人的权利，我们仍然要继续我们的理念与尝试。[8]

正如我在本章开始所言，海尔的大共享平台将所有企业的管理职能集成在一起，通过数字化、智能化的平台赋能小微企业创造价值，但仅仅有这些还不够，海尔还有一个基石平台赋能小微企业进行全流程研发、制造和营销。接下来的一章，我将聚焦于海尔的基石平台：卡奥斯。

第8章

卡奥斯：黑海战略的基石平台

现代经济有三个核心特征：竞争、创新和创业，这三者之间存在很强的关联性。竞争是市场经济的必然选择，在能够为消费者提供更为低廉产品的同时，竞争还可以推动创新，而创新则需要创业支撑。

——2014 年诺贝尔经济学奖获得者　让·梯若尔

2019 年 9 月 20 日，我到上海临港松江科技城参观了一个跨行业、跨领域平台创新应用体验中心，这个中心的主角就是海尔多年来自主开发和设计的工业互联网平台 COSMOPlat。当天，COSMOPlat 还有了一个寓意深刻的中文名字：卡奥斯。据说，这是由张瑞敏亲自命名的，卡奥斯是英文“chaos”的中文音译，在希腊神话中表示“原初之神”“万物之卵”，寓意“世界一切的起源”。

> 卡奥斯是希腊神话当中的原初之神，在它之前没有其他的神存在。我们现在熟悉的众神之神宙斯，也只是卡奥斯之后的第三代神。所以换句话说，所有的神都是卡奥斯之后，因此它也被叫作万物之卵，万物都因它诞生。借用这个名字，是希望我们可以成为工业互联网的万物之卵，让很多新物种自涌现。[1]

我在第 5 章曾经指出，驱动海尔实现增长的两个新引擎就是体验云平台和卡奥斯平台，前者聚焦于场景，后者聚焦于生态。从张瑞敏赋予的“卡奥斯”这个名字就足以看出该平台在海尔黑海战略中的重要地位。它是海尔集团在物联网时代的重要战略布局，海尔将其定位成“用户全流程参与体验的大规模定制平台”，围绕用户需求构建生态系统，赋能每个行业的企业进行数字化转型，助力海尔从“产品企业”转型为“生态企业”。

现在，越来越多的企业已经意识到世界正在进入万物互联时代，为了更为准确地描述未来的技术革命，思科公司已经率先将物联网（internet of things, IoT）的概念升级为万联网（internet of everything, IoE）。万联网把人、流程、数据以及设备等所有的东西都连接在一起，把移动互联网和智能物联网彻底打通，它包括人人互联、物物互联和人物互联。万联网正在将数据、智能和网络等多个要素整合起来，重新定义新的商业价值，构建万物互联的智能世界。万联网正在孕育一场新的智能化变革风暴。我相信，没有哪一家企业能够不受这场风暴的影响。

正是意识到在万物互联时代，企业需要不断重塑商业模式才能为用户持续创造体验价值，海尔才坚定地实施黑海战略，坚定地从“产品品牌”向“生态品牌”转型，其最终目标是构建万物互联的智慧生活生态系统，我将这一系统称为“万联生态”。而在海尔布局的万联生态系统中，卡奥斯平台具有独特的战略地位，它是海尔万联生态系统中的基石平台。

和传统产品型企业的战略不同，坚持黑海战略的企业通过孵化、赋能大量的中小型企业，为用户提供全生命周期的场景价值，从而构建生生不息、繁荣昌盛的平台生态系统。那么，我们不仅要问：卡奥斯平台如何赋能中小企业进行价值创造？卡奥斯平台具备哪些独特的能力？它又有哪些差异化的竞争优势呢？让我们从一个案例开始，来了解卡奥斯平台如何赋能传统企业转型升级。

康派斯：从“房车制造”到“智慧出行生态”

2014年5月，王位元在山东威海荣成开始了自己的创业生涯，之前他在汽车制造厂做过技术员、工程师，也主管过汽车零部件的国际化业务，是一位汽车行业的老兵了，1991年大学毕业之后基本没有离开过汽车行业，已经在汽车行业里沉浸了二十多年。促使王位元自主创业的主要动因是他的房车梦想。房车，曾经对中国大多数老百姓而言是个不熟悉且很遥远的概念。中国第一辆具有自主知识产权的房车直到2001年才正式下线。经过近20年的市场培育，中国市场对房车的需求持续增加，房车生产企业大量涌现，房车营地数量每年翻番，房车销量更是持续增长。

王位元给自己创立的公司起了一个很好听且带有国际范的名字：康派斯。公司的主营业务为休闲旅游用拖挂式房车的研发、设计、生产和销售。王位元和他的创业团队立志把康派斯打造成“世界拖挂式房车市场的领跑者”。康派斯的使命很远大，但是，践行使命的道路异常艰难。在2018年之前，康派斯的核心业务是为澳大利亚的房车经销商“代工”房车。显然这是一家传统的制造企业。房车制造行业竞争残酷，一方面生产成本、原材料成本居高不下，另一方面研发技术落后，产品同质化严重，销售价格很难提高。和诸多传统制造企业一样，康派斯也面临着成本与价格的双重压力，利润微薄。

2018年9月，康派斯开始与海尔的产业互联网平台卡奥斯合作。康派斯最初的合作目的是想进行生产线的技术改造，降低成本，提高效率。这次合作非常顺利，经过卡奥斯平台的赋能后，康派斯房车产品的平均生产周期从原来的35天降到了20天，而且市场响应速度大大提高。更为重要的是，卡奥斯平台上的采购模块让房车生产整体原材料的采购成本下降了7.3%。比如，康派斯生产需要的主要材料之一镀锌板，通过卡奥斯平台发布镀锌板采购需求后，平台就将之与其他有相同产品需求的厂家的小订单一起捆绑成一个大订单，然后对接同一个生产厂家，由厂家给各企业单独发货，由此康派斯镀锌板的采购成本下降了12%。

在达到了第一阶段降低成本和提高效率的合作目标后，康派斯的管理团队有了更大的战略目标：重塑房车行业的商业模式。他们发现传统的房车企业仅仅聚焦于房车制造，而且大都是代工生产，企业自身和用户的距离很远，也不能深入了解用户的需求。借助卡奥斯平台直连用户的功能，康派斯提出了新的战略转型方向：提供“智慧房车”解决方案。这一全新商业模式的核心思路是基于以用户体验为中心的大规模定制模式。为了赋能康派斯进行战略转型升级，卡奥斯平台将海尔生态中的海尔智慧家庭解决方案与房车进行交互，将房车上的家电产品用统一的App来控制，用统一的数据平台来管理，并加入语音交互机器人、物联网等技术，最终和康派斯一起产生了智慧房车的解决方案。

通过海尔卡奥斯平台的赋能，康派斯开始了全价值链和产品全生命周期的转型升级。康派斯在卡奥斯平台上与用户零距离交互，可以直接从用户那里获得设计和订单，按照用户的精准需求生产定制产品，既提升了用户的体验，扩大了订单的数量，又提高了产品的利润。同时，卡奥斯平台上的产品模块化、集约采购等平台又可以赋能康派斯进行全面的数字化转型。这不仅使康派斯的产品交货周期和综合采购成本大幅度下降，还使产品溢价 63%，订单量提升了 62%。在卡奥斯平台的赋能下，康派斯成为房车行业首个大规模定制互联工厂的样板企业。

如今，王位元和他的创业团队有了更大的战略梦想，他们开启了康派斯自己的“生态战略”。这一战略的核心是成为智慧出行场景方案的全流程定制服务平台。这一战略的背景是文化、旅游逐渐成为中国近年来改善民生的幸福产业，国家采取了一系列举措来推动文旅产业的融合发展。海尔借助卡奥斯平台，联合山东荣成市政府、康派斯房车，共同打造荣成好运角房车生态营地。

海尔卡奥斯平台推出了 Sindar 这一房车露营行业生态品牌，它的定位是“创建房车行业以用户为中心、多方共赢的生态品牌”。Sindar 可以为用户带来智慧房车加智慧营地的“硬件 + 软件 + 平台生态”整体解决方案。在整个智慧出行生态中，海尔卡奥斯的战略定位是平台赋能，它以产业互联网思维赋能房车行业，围绕用户需求链接多维资源，为用户提供场景生态下的定制化服务。比如，为了行车安全，Sindar 为房车定制 ADAS 智能辅助驾驶功能，可以检测和提醒用户驾驶过程中打瞌睡、走神等危险行为，360 度车身环视摄像辅助全景观察行车安全；车内设备智能化，通过预置阅读、睡眠、安全等多种智慧模式，实现全屋语音控制。同时，用户如通过水位传感器探测到房车内净水不足，平台可以寻找到最近的补给点，并为用户提供营地路线规划导航和预订服务，变被动控制为主动服务。

康派斯作为卡奥斯平台 Sindar 生态解决方案的重要生态伙伴，已经先于行业中其他企业，开启了从智慧房车到智慧出行场景方案的全流程定制化服务，为用户带来“车、行、游、住”的综合智慧出行体验。也正是借助于卡奥斯这一平台，康派斯正在逐步完成自身发展模式的战略转型，从传统房车代工企业到智慧房车解决方案，再到智慧出行生态，在短短的三年时间里，康派斯的战略转型逐步升级。如今，康派斯不仅有了自己的品牌产品，而且正在借助卡奥斯平台的力量在威海荣成发起设立房车产业集群，同时，通过与全球用户进行交互，开拓了韩国市场，在当地建厂，开始孵化横跨中韩的东北亚房车生态智慧产业园。[2]

更为难得的是，康派斯在战略转型升级的过程中，核心业务的业绩同时实现了可持续增长。2019 年公司实现营业收入约 2.6 亿元，同比增长 23.32%；实现归属于上市公司股东的净利润 2 500 万元，同比增长 18.58%。

创建多边共赢的生态

如今，Sindar 构建的智慧出行生态圈已经成为海尔智慧生活生态系统中的一个组成部分，成为房车行业的个性化解决方案，这正是海尔实施黑海战略的体现。2018 年 5 月 10 日，海尔集团董事局主席、首席执行官张瑞敏在中国品牌发展国际论坛上表示，海尔要构建物联网时代的生态品牌，根据不断挖掘的用户需求，持续为用户构建满足其需求的生态圈。创造物联网生态品牌，是海尔集团在物联网时代提出的新的转型方向，其背后的战略逻辑是，在物联网时代，企业之间的竞争模式将从产品竞争升级为生态体系的竞争。未来，大多数的企业将有两种命运：要么构建一个生态，要么成为生态圈里的一个专业化企业。显然，海尔集团选择了前者，它制订了雄心勃勃的计划，并在全球范围内第一个提出了构建物联网时代生态品牌这一理念。和传统产品型企业相比，生态型企业的商业模式更加复杂，生态系统的繁荣不仅取决于各方参与者的互动参与、共创共赢，更取决于平台的能力。

在第一章，我将平台能力比喻成生态系统中的“黑土地”。在肥沃的黑土地上，可以生长大豆、高粱、土豆等各种农作物。同样，在一个生态系统中，平台能力越强，越能赋能企业、赋能生态，就越能让更多的小微企业、伙伴、各类资源方在平台上生长和发展，形成合力，共同为用户持续创造价值。康派斯就是依赖海尔强大的平台赋能，提升了自身为用户创造价值的能力。

在海尔正在构建的智慧生活生态系统中，卡奥斯平台就是整个生态系统的黑土地，它是平台中的平台，因此，我称之为“基石平台”。这个平台最早起源于海尔对智能制造的探索。海尔作为中国最早一批探索产业互联网的企业，自 2012 年就开始智能制造转型的探索实践，探索从大规模制造转型为大规模定制。卡奥斯平台是由海尔自主研发的，具有中国自主知识产权的产业互联网平台，融入了海尔 30 余年的制造经验。其核心功能是大规模定制模式，通过持续与用户交互，将硬件体验变为场景体验，将用户由被动的购买者变为参与者、创造者，将企业由原来的以自我为中心变成以用户为中心。

图 8-1 展示了卡奥斯平台的核心特征，它以为用户创造价值为中心，连接生态企业和生态资源，是一个共创共赢的多边平台。

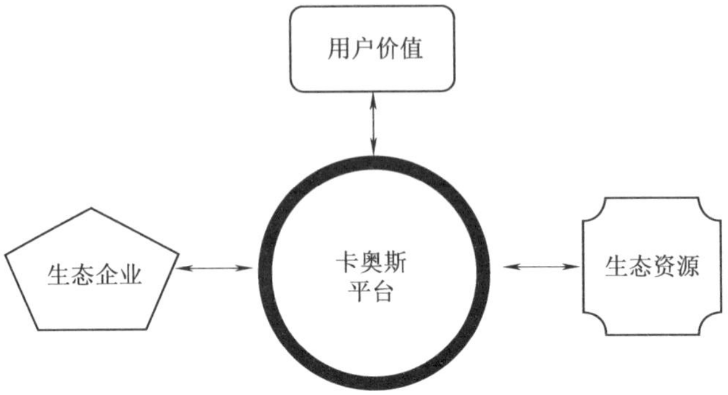

图8-1 卡奥斯平台：创建多边共赢的生态

具体而言，卡奥斯平台的核心特征是以全流程直连用户、聚合全生态资源为手段，为用户创造全生命周期价值，因此，可以用全周期、全流程和全生态来概括这一特征。首先来看看卡奥斯平台的全周期这一特征。所谓全周期，就是以用户的全生命周期价值为中心。卡奥斯平台不是仅仅为用户创造产品价值，而是为用户的全生命周期创造价值体验，这将帮助企业重塑商业模式，改变企业与消费者之间的关系，将传统一次性交易的客户变为持续交互的终身用户，解决了企业的边际效应递减的问题。比如，卡奥斯平台赋能海尔智家这一产业平台，为用户提供“5+7+N 全场景智慧解决方案”，将产品由传统电器变成了智能网器，从提供家电产品到提供基于场景的美好生活解决方案，实现了从产品周期到用户全生命周期的延伸。

其次是全流程，即将低效的串联流程转变为以用户为中心的并联流程，以互联工厂为载体解决了大规模制造和个性化定制的矛盾，实现了大规模制造到大规模定制的转型。大规模生产很容易，但标准化、同质化不能满足用户个性化和高端化的需求，个性化生产也可以做到，但成本高、效率低，通过用户社群交互把小数据集成为大数据就可以解决这个矛盾，实现大规模定制。海尔卡奥斯平台实现的是高精度下的高效率，先抓住用户的精准需求，由精准需求驱动高效率。

最后是全生态，即连接全生态的资源，赋能中小创业企业为用户创造价值。卡奥斯平台不是一个封闭的体系，而是一个开放的平台，平台上的每个企业、资源方和用户都可以在平台上共创共赢共享。海尔的竞争优势是基于场景价值为用户提供整体解决方案。比如，在智慧阳台这一解决方案中，就整合了洗衣机、干洗机、健身器材、绿植等产品。海尔自身并不制造健身器材、绿植等产品，但是，它可以根据用户对场景的需求进行全生态资源聚合，满足用户的体验价值。同时，卡奥斯平台具有跨行业的适用性，可以赋能许多行业的中小企业提升为用户创造价值的能力。接下来，我们通过一个案例来全面了解卡奥斯的平台特征以及海尔所倡导的生态价值。

案例：物联网生态新物种

总部位于山东淄博的统一陶瓷公司成立于 2003 年 12 月，是一家专业生产和经营仿古砖、艺术砖的陶瓷生产企业。建筑陶瓷产业是旧产能的代表产业之一。长久以来，中国建筑陶瓷行业附加值低、库存高、能耗高、污染严重，行业竞争激烈，企业面临着生存和发展的双重压力。

尽管统一陶瓷是淄博的头部企业，但和当地许多传统陶瓷生产企业一样，统一陶瓷也面临着原材料成本上升、产品同质化竞争严重、生产效率低下、能耗高等问题。目前，这些问题是建陶企业自身解决不了的。2019年3月，统一陶瓷与海享陶平台开始合作，第一阶段的目标是赋能统一陶瓷提质增效，提高产品竞争力，扩大销售，最终目标是打造共创共赢的建陶行业生态。

海享陶是海尔卡奥斯赋能建陶行业的生态子平台，也是卡奥斯孵化的一个物联网生态新物种，其战略定位是建陶产业大规模定制物联生态平台。图8-2展示了海享陶平台的商业模式。

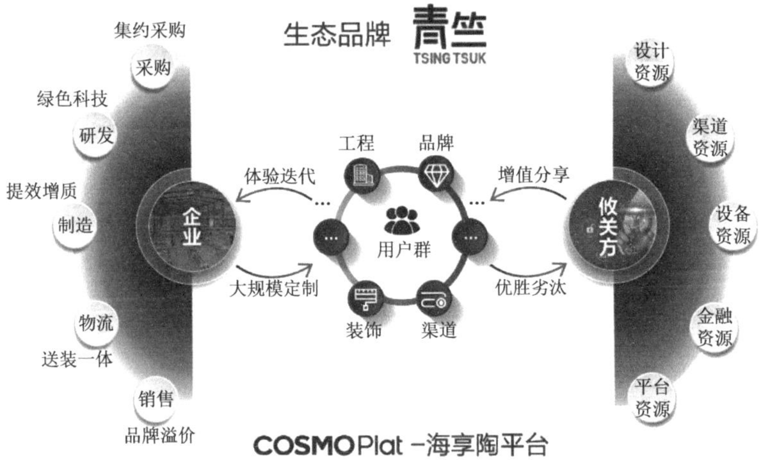

图8-2 海享陶生态商业模式：创造用户终身价值

图片来源：海尔，经授权使用。

和衣联网平台相似，海享陶平台也是一个多边共赢的产业平台，平台的核心依然是通过赋能建陶生态圈中的企业，为用户创造体验价值。为了赋能建陶企业创造价值，海享陶平台中嵌套了四大功能平台，包括销售平台、集约采购平台、智能制造平台、协同研发平台，通过这四个功能平台可以实现对建陶全产业链进行升级服务。

对很多建陶行业中小型企业而言，其核心业务是为大品牌陶瓷企业代工。这种以代工为主要业务模式的中小建陶企业发展较为粗放，即便短期内获取了一定的规模优势，从长期来看，企业也缺少核心技术，品牌建设意识薄弱，管理水平较低。针对这个现实问题，海享陶平台集成了多种赋能能力，通过开放生态资源、销售赋能、采购赋能、智能制造、研发赋能、金融服务、物流服务等一系列赋能领域，对建陶企业实施从采购到生产到用户的全面赋能解决方案。比如，海享陶平台集成的从工厂到用户的全流程供应链物流服务，以及供应链金融服务，对建陶企业提升产品竞争力产生了很大的推动作用。同时，海享陶平台还创造了一个新的赋能能力：品牌赋能。海享陶平台孵化了自主高端定制建陶品牌“青竺”，通过这一品牌，提升产品竞争力和品牌溢价，进而提升整个建陶行业的利润率。

在与建陶企业的合作过程中，海享陶平台通过增值分享机制，与行业内的龙头企业共创共赢。比如，统一陶瓷是国内健康陶瓷领航者，在北方地区率先生产仿古砖和研发功能陶瓷砖，在产品设计研发和制造能力方面有着一定的优势，经过海享陶平台 58 项标准评估认证审核后，成为海享陶平台首单签约的建陶企业。海享陶平台从纵向与横向两大维度对统一陶瓷进行赋能：纵向来看，捕捉用户端个性化需求，引入优质行业资源，全面提升建陶企业核心能力，推动其向大规模定制转型。例如快速整合一流研发资源，迭代出防静电瓷砖解决方案，极大提升了统一陶瓷的品牌溢价能力。横向来看，各攸关方共同满足用户最佳体验，实现增值分享，不断优化创新平台。

统一陶瓷在连接海享陶平台后不到一个月的时间内，不仅产品质量有了显著提升，在采购和销售两大模块上，更是让原料采购价格平均下降了 15%，并带来了 1 000 万元的大订单。订单增多倒逼统一陶瓷的生产能力，卡奥斯又为其进行工厂的智能化改造，使统一陶瓷在用工减少 50% 的情况下，生产效率提升 35%。由双方共同开发、推广的防静电功能瓷砖解决方案，目前已获得 6 项业内自主领先专利技术，并由平台众创定制，实现单品销量增长 58%，生态品牌增值部分，由双方利益共享。统一陶瓷经过海享陶平台的赋能，业绩实现了逆势增长，2019 年上半年，在行业销量下滑 23% 的情况下，该企业营业收入逆势增长 30%，企业利润也增长了 32%。

在卡奥斯建陶团队负责人高保卫看来，海享陶平台之所以能够在很短的时间里赋能统一陶瓷，并取得很好的成果，主要原因在于海享陶平台帮助公司重塑了价值链。

> 海享陶平台提供的是全面赋能，平台的一个重要优势在于资源聚合能力。我们通过整合优质行业资源，把产业变为高度专业化分工协同发展，就是引入设计资源专做设计，引入销售资源专做销售，工厂专心把制造做好，以此重塑价值链。

海享陶平台与统一陶瓷的合作并没有仅仅停留在对单一企业的转型升级上，它们的战略目标是建设建陶行业生态圈。除了赋能龙头企业，海享陶平台还与统一陶瓷一起联合赋能整个建陶产业转型升级，由于统一陶瓷这一样板的增值分享产生了生态引力，淄博的建陶企业纷纷抢上平台。平台协助当地政府，已将建陶企业由 135

家整合至 20 余家，促进了企业将产品力转化为品牌力，从传统计划生产向大规模定制模式转型，总体实现成本下降 7%~10%，产能提升 20%，从而推动了淄博建陶产业的转型升级。

在此基础上，海享陶从 2020 年开始通过复制淄博样板，向佛山、景德镇临澧等产区拓展，全面推动陶瓷行业新旧动能转换。海享陶平台上汇聚的企业已超过 1 000 家，同时在行业上向石材等其他建材进行了演进。

平台能力：把“数据流”变成“价值流”

同自然界的生态系统一样，商业生态系统也是由众多企业物种构成的价值共生网络，每一个企业的健康、效率与绩效都取决于生态系统整体的健康、效率与绩效水平。企业成员之间复杂的、多边的互动关系和利益分配机制，决定了商业生态系统的持久性和效率。因此，在一个商业生态系统之中，每一家企业的健康与绩效同时受到三个方面的影响：企业自身的能力，与生态系统中其他成员的互动关系，以及生态系统中基石平台的能力。

在《第四次管理革命》这本书中，我将基石平台定义为“生态网络中各成员企业共创价值的数据计算底层技术平台”。基石平台能够为生态网络中的成员企业提供解决问题的整套技术、工具和方案，借助一系列的接口或界面，集成相关功能并提供给生态网络中的企业成员。利用基石平台上的接口或者界面、工具和技术，成员企业可以根据用户的需求开发自己独特的产品，以创造更多的价值。因此，基石平台的核心特征是资源开放、价值共创和价值共享。

依赖于基石平台的核心技术，生态企业不仅捍卫着整个生态体系的健康，防范其他竞争生态企业的入侵，同时，也为整个生态体系企业物种的多样性、稳定性、创新性和竞争性奠定了基础。为什么基石平台是平台生态系统中最为重要的平台呢？因为，黑土地的营养主要来自土壤中的有机物质，而在平台生态系统中，基石平台的重要功能就是为生态网络提供有机物质，其中最为重要的有机物质就是数据。在第四次管理革命时代，数据是生态网络中的战略资源和核心资产，云计算是核心生产力，人工智能是核心技术。

世界著名的质量管理大师爱德华·戴明有一句名言：我们信赖上帝，除了上帝，任何人都必须用数据说话。但是，数据本身不会产生价值。在一个生态网络中，把数据流变成价值流的核心是对数据的深度挖掘、计算分析，以及把数据信息与商业模式进行融合的应用能力。在海尔内部的一次案例分享会上，张瑞敏针对“数据大，价值小”的问题，做了如下解答：

> 大数据确实很重要，大家都觉得重要，但在用的过程当中，其实有很多误区。我们搞了好几年，我自己把它总结为三块：第一块是“流数据”，要“快”；第二块是“小数据”，要“准”；第三个是大数据的发展方向——区块链，这个要求就是“信”，信任。

平台生态系统的核心是基石平台和数据价值，让大数据产生大价值的核心是让数据流动起来，让数据流产生价值流，这正是平台生态系统基石平台的核心功能，也是产业互联网平台的战略定位。

为了能够把数据流变成价值流，卡奥斯平台着力打造 5 项核心能力：泛在物联能力、知识沉淀能力、大数据分析能力、安全保障能力和生态聚合能力（图 8-3）。

泛在物联能力。卡奥斯平台的边缘层具备丰富的边缘智能网关产品体系和强大的边缘层管理平台，可满足不同行业生产设备的上云需求，支撑大规模定制模式的跨行业、跨领域复制。同时，卡奥斯平台的边缘管理平台利用物联网、大数据等技术，基于海尔内部多年的工业制造与经营管理实践，形成了适用于多行业接入的可靠、稳定的物联网平台。平台还具备强大的数据连接能力，可以支持超过 100 种工业通信协议，支持多样化的接入方式，即可以连接各类工业设备，又可以跟第三方业务平台轻松对接。

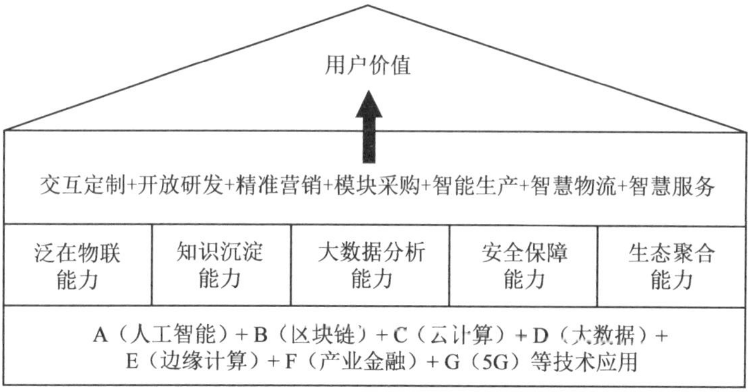

图8-3　卡奥斯平台的能力结构

知识沉淀能力。海尔拥有 30 余年的制造行业经验，在此期间完成了丰富的知识积累，卡奥斯平台将这些工业知识沉淀为工业模型，并通过卡奥斯开发者平台开放给社会，赋能开发者。目前卡奥斯开发者平台支持多种主流开发语言，集成了多个开发工具。得益于卡奥斯开发者平台丰富的机理模型与开发工具，和从研发到最终交付的全自动流程服务，卡奥斯开发者平台工业 App 的研发周期由数月缩减至数周以内，上线部署时间可从几周缩短至几分钟。

大数据分析能力。工业互联网平台涉及的工业数据相较于其他行业数据，存在数据量更大、复杂程度更高的特性。针对该特性，卡奥斯将平台划分为数据采集层、数据整合分析层和数据访问层。数据采集层，卡奥斯自主研发了强大的采集组件，向下可采集传感器、移动端、日志、报表、邮件、文件、数据库、关系数据等各种数据，向上提供统一的数据格式，方便后面处理，解决了数据复杂度高的挑战。数据整合分析层形成了强大的可横向扩展的“批流”处理平台，解决了数据量大的挑战。该层还具备数据治理能力，解决了海量数据的管理和安全问题。数据访问层将大数据平台的数据能力微服务化，如数据查找能力、数据存取能力、数据模型能力，形成了卡奥斯数据中台，为上层的服务中台提供了强有力的支撑。

安全保障能力。卡奥斯平台通过“海安盾”构建了安全可控的综合安全防御体系，针对平台的大规模定制流程，从交互、营销、设计、采购、生产到物流，全流程实现安全预警，提供主动安全扫描及安全事件应急响应服务。平台具有完善的安全防护体系，全流程保障平台的安全稳定运行。通过智能可视化平台，实现态势感知、安全管理、威胁情报、安全审计、实时监控、应急响应一体化的综合安全管理，形成安全事件的检测、防护、响应全流程阶段的闭环。

生态聚合能力。卡奥斯平台联合生态圈里的合作伙伴，共同将工业信息系统与建模软件云化，以解决工业企业上云受阻的问题。云化建模软件相较传统建模软件拥有很强的优势，它无须安装，即需即用，成了工业 App 的坚实支撑。其特点在于：其一，轻量。采用最先进的云端技术，将传统的工业软件放到云上，不用担心系统空间不足；只要有网络，无须安装配置，就可以体验在本地使用工业软件的快感。其二，迅速。云端服务器采用的配置高，本地普通配置的计算机在满足网速的条件下即可体验高速率运算。其三，量大。卡奥斯平台联合生态圈合作伙伴，集成了工业多领域、全范围的工业软件，只需要一个浏览器，就可以满足企业各种各样的工作需求。

从图 8-3 可以看出，支撑卡奥斯平台以上 5 项能力的底层技术是 ABCDEFG，它们分别是 A（人工智能，artificial intelligence）、B（区块链，block chain）、C（云计算，cloud computing）、D（大数据，big data）、E（边缘计算，edge computing）、F（产业金融，finance）、G（5G）等技术应用。

在 5 项能力的基础上，卡奥斯平台开发出 7 个模块化的解决方案，它们包括交互定制、开放研发、精准营销、模块采购、智能生产、智慧物流和智慧服务，这些解决方案覆盖了为用户全流程创造价值的 7 个核心环节。7 个解决方案就像乐高积木一样，既可以单独使用，也可以快速聚合。不同的企业可以根据自身的情况，选择使用不同的能力模块，这增加了卡奥斯平台赋能的灵活性。

比如，我在第 3 章提到的山东淄博服装企业海思堡就是依托卡奥斯平台的赋能，在 3 天内实现了火线复工并转产医疗防疫物资。这主要得益于卡奥斯平台的生态供应链能力，为企业高效精准地匹配防护服、口罩等物资生产设备和原材料，同时为企业提供了产线规划及流程工艺操作等全流程解决方案。正如海思堡负责人马学强所言：

> 企业在信息化和自动化发展道路上多次碰壁，而在卡奥斯平台的助力下，海思堡集团从大规模生产向大规模定制转型，实现了生产效率提升和库存降低，在此次企业复工转产中，智能制造的转型升级发挥了重要优势。

新战略：打造产业互联网“母平台”

基石平台的发展与互联网整个产业的发展息息相关。从世界范围来看，互联网业的发展已经从“互联网 +”为特征的上半场，过渡到以“+ 互联网”为核心的下半场。在“互联网 +”的浪潮中，唱主角的是消费互联网，诞生了世界上最为著名的几家互联网公司：亚马逊、Facebook（脸书）、腾讯、阿里巴巴、百度、京东等；而在“+ 互联网”的时代，产业互联网将登上互联网舞台的中央，成为企业巨头们角力的主战场。

产业互联网，即“产业 + 互联网”，核心是产业，基础是互联网。消费互联网的主要商业模式是 B2C（企业对个人）或者 C2C（个人对个人），而产业互联网的核心商业模式是 B2B（企业对企业）。产业是被赋能升级的对象，因此，一个产业互联网平台要想在产业互联网时代获得竞争优势，核心是构建对产业的赋能能力。这就要求产业互联网平台的构建者具备对产业特征的深刻洞察力，以及对产业价值链的整合能力。海尔作为工业巨头，凭借自己在产业领域多年积累的技术优势、数据资源和管理能力，构建了卡奥斯平台，这一产业互联网平台和西门子、GE（通用电器）构建的产业互联网平台不同，它的核心模式是“B2B2C”，直接连接到用户，这是商业模式上的一个重大突破。

以用户体验为中心的大规模定制模式是卡奥斯平台的最大差异化优势。这种模式全面颠覆了线性的大规模制造模式，让用户参与到从需求交互、产品生产直至服务的一系列流程中，带给用户全流程、全要素、全生态的定制体验服务，创造用户终身价值，企业由此进入领先的大规模定制时代。

卡奥斯平台的赋能战略可以概括为“1+7+N”，其中 1 代表 1 个平台（卡奥斯平台），7 代表平台上的 7 个核心功能模块（交互定制、开放研发、精准营销、模块采购、智能生产、智慧物流、智慧服务），这 7 个核心模块以用户体验为中心，可实现大规模定制，N 则代表在 N 个行业进行跨行业、跨领域复制。

产业互联网平台在进行跨行业复制的时候，将会面临一个很大的挑战，即行业的差异性会对平台能力提出独特的要求，单一的平台很难满足所有行业的差异化需求。卡奥斯平台进行跨行业复制，采取的策略是与行业龙头企业合作，共同构建符合该行业特征的产业平台，将卡奥斯定位成各个产业平台的母平台。

海尔集团总裁周云杰形象地将卡奥斯母平台比喻成机场，行业龙头企业则是航空公司。每一个行业龙头企业都可以在卡奥斯这一产业母平台上构建自己行业的产业平台，然后，通过各自的产业平台去赋能中小型企业，就好比是各家航空公司去服务各自的乘客（图 8-4）。

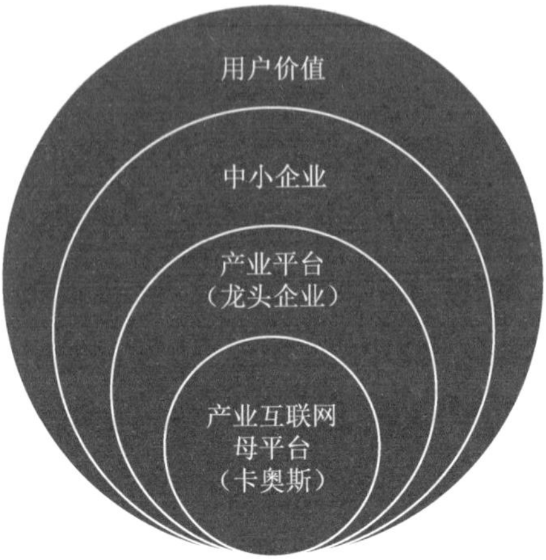

图8-4　卡奥斯战略定位：产业互联网母平台

卡奥斯平台是一个完全开放的开源平台，全球任何企业均可成为卡奥斯工业互联网平台的操盘手和合伙人，而且我们资本也是开放的，做得好都可以进来成为合伙人，所以我们可以共建平台、共享成果。

周云杰提出的产业互联网母平台与产业平台的双平台格局，可以解决产业升级中共性化与个性化的问题。产业转型升级中的共性问题可以由卡奥斯母平台来解决，产业平台则聚焦于解决产业中的个性化问题。

消费互联网、产业互联网的叠加正在催生企业的管理模式和发展模式进入一个新的阶段，企业难以利用传统的经营模式获得竞争优势。在这次由技术推动的管理巨变中，海尔已经开始在打造物联网生态品牌方面迈出了坚实的一步。利用卡奥斯这一基石平台，海尔黑海战略的目标是构建新物种自涌现的万联生态系统，实现生态资源中各攸关方的利益最大化，最终实现用户价值的最佳体验。

在海尔构建的基础平台中，除了卡奥斯这一基石平台外，还有海尔独创的“人单合一”模式，前者是技术黑科技，后者是管理黑科技，两者共同支撑黑海战略。接下来的一章，将聚焦于海尔的人单合一模式，解释该模式的核心机制以及如何赋能小微企业创造价值。

第9章

人单合一：黑海战略的“管理芯片”

机制设计的主要原则是让社会参与者通过自身行为实现一个重要的社会目标——平等。……机制设计的核心问题是能否实现公平分配，即使大家都不知道怎样分是公平的。

——2007 年诺贝尔经济学奖获得者　埃里克·马斯金

2007年诺贝尔经济学奖获得者埃里克·马斯金被誉为“机制设计理论奠基人”，他也因“机制设计理论”获得诺贝尔经济学奖。在埃里克·马斯金看来，机制设计的首要原则是让社会参与者通过行为实现一个重要的社会目标，即平等。他认为机制设计就是通过设计规则、制度，来调整人的个人目标，使其与社会整体目标保持更好的一致性，从而实现资源的更有效配置。

在机制设计中，最大的挑战是如何保证公平。埃里克·马斯金用“孩子分蛋糕”这个有趣的例子来解释如何处理机制设计中的公平问题。两个孩子分蛋糕，目标是尽量保证公平，但孩子可能并不认为均分为二是公平的，事实上也很难准确地做到两份蛋糕大小完全一样。那么，如何分配可以令两个孩子都满意呢？在这个案例中，核心问题是设计一个机制来实现公平分配。公平的办法是让孩子们自己来分蛋糕，一个孩子获得切蛋糕的权利，而另一个孩子获得选择蛋糕的优先权。这样，第一个孩子为了确保自己获得的剩下的那块蛋糕不会太小，必然尽量做到公平。为什么这个机制能够发挥作用呢？因为一个孩子切蛋糕时，有强烈的动机使两块蛋糕平均，因为他没有优先选择权。拥有优先选择权的孩子也会非常满意，因为他可以拿走自己想要的那块蛋糕。[1]

在张瑞敏看来，平等与公平是企业在设计管理机制时需要关注的最为重要的因素，背离了平等与公平，机制就不可能有长久的生命力，也无法充分调动每一个员工的动力和激情。

> 在公司里，每一个人都应该依靠自己的能力挣到自己应该得到的一切，当然不仅仅是高工资，还有尊重和认可，以及实现自己的价值。当然，这一切都需要机制，只有机制才能保证每一个员工都能凭借自身的素质和努力取得最大的成就，收获美满的生活，体悟生命的意义。

2005 年，张瑞敏在海尔开始推动实施“人单合一”管理模式。这一模式的核心目的就是通过设计公平的机制，赋予每一个人平等的机会，让每个人成就自我。经历过 10 多年的创新与迭代，如今，人单合一模式已经成为海尔实施黑海战略的核心动力机制和“管理芯片”。那么，到底什么是人单合一模式？它的核心机制是什么？它为什么能够助力海尔构建生生不息的平台生态系统？它如何解决机制设计中的公平与平等？探寻以上这些问题的答案，正是本章的目的。

我从 2006 年开始跟踪研究人单合一管理模式，在这期间与张瑞敏有过多次深入的访谈和交流，比较完整地见证了人单合一管理模式十几年以来发生的演变。任何一种管理模式都有它的时代性，而且需要根据内外部环境的不断变化而创新迭代。事实上，从创立之初到现在，海尔的人单合一管理模式也经历了三次迭代和突破，从 1.0 逐步演进到 3.0（表 9-1）。

表9-1　人单合一：从1.0到3.0

阶段 / 时间	人	单	自主经营单位	海尔精神（作风）
人单合一 1.0（2005—2012）	员工（在册与在线）	用户价值	自主经营体（利益共同体）	创造资源，美誉全球；人单合一，速决速胜
人单合一 2.0（2012—2019）	全球创客	用户价值	小微企业	诚信生态，共享平台；人单合一，小微引爆
人单合一 3.0（2019 至今）	全球创客	用户价值	小微链群	诚信生态，共赢进化；人单合一，链群合约

下面，就让我们一起来看看人单合一是如何演变的。

人单合一 1.0：创建开放式组织

2005 年 9 月 21 日，张瑞敏在海尔全球经理人年会上首次提出人单合一这一概念，并阐述人单合一模式的目的是让每一个员工找到自己的市场和用户，并在为用户创造价值的同时实现自身价值。

什么是人单合一？仅从字面上来看，有人会把“单”当作“订单”来理解。事实上，人单合一模式中的“单”最早的确来自“订单”，但是，把“单”仅仅理解为“订单”是不准确的，也是片面的。

张瑞敏在推出人单合一模式时曾经对这一概念进行了解释：

> 管理创新是技术创新的保证。我们提出的是人单合一战略，

使每一个人都有一个市场，有一个“订单”。人和市场之间应该是直接联系在一起的，所以我们把它叫人单合一模式，实销实发，实现正现金流。……人就是员工，“单”表面上是“订单”，本质是用户资源，表面上是把员工和订单连在一起，但订单的本质是用户，包括用户的需求、用户的价值。人单合一，也就是把员工和他应该为用户创造的价值、面对的用户资源“合”在一起。[2]

从张瑞敏的论述中我们可以看出，在人单合一 1.0 版本中，“人”是指海尔员工，“单”是指用户需求和用户价值。

提出人单合一模式的时候，海尔也正式进入了第四个战略阶段，即全球化战略阶段。张瑞敏将这个阶段的海尔精神和海尔作风提炼为：创造资源，美誉全球；人单合一，速决速胜。为什么要实施人单合一新模式？张瑞敏解释道：

人单合一，最重要的就是支持“创造资源，美誉全球”的企业精神。跨国公司到中国占领市场，是以十攻一；我们现在到全球创牌，是以一攻十。既然我以一攻十，攻不过你，最有效的办法就是每一个人必须顶十个人，每个人都要明确自己在全球的位置、全球的目标，然后能够以最快的速度去实现它，这也是在创造一种资源。

为了实施人单合一管理模式，海尔在组织结构上进行了多次变革，在结构上从“正三角组织”转型为“倒三角组织”，并将企业划分成不同的自主经营体。所谓自主经营体，是以创造并满足用户需求为目标，以相互承诺的契约关系为纽带，以共创价值并共享价值为导向的自组织。自主经营体拥有用人权、分配权和决策权以及自己独立的核算报表。自主经营体都必须面对市场创造用户价值，否则不能成为经营体。每个员工都必须进入经营体，包括财务、人力等职能部门都要融合进入自主经营体。自主经营体实现“自主”，最主要的是赋予“三权”：用人权、分配权和决策权。

在当时，自主经营体共有三种：一线经营体、平台经营体和战略经营体。其中，一线经营体主要包括研发、生产、市场这三类经营体。这种经营体直接面向市场，端到端创造用户需求和价值。它们的分类是按照端到端的全流程来进行。在每一大类经营体下又会分成若干个小的自主经营体。比如，生产类经营体按照产品类型划分为不同的经营体，市场经营体则根据区域的不同来划分。平台经营体主要包括财务、战略、企业文化、人力资源、供应链等。这种经营体划分的依据是其管理职能，因此在海尔内部也被称为 FU 平台（functional units，职能部门）。每一个主要职能模块，都被细分为不同的经营体。战略经营体的使命是创造全球用户资源，实现第一竞争力目标。其主要责任是对内负责协同，经营和发展“经营体”，对外则需要发现新的战略机会。到 2012 年底的时候，海尔共有 2 233 个自主经营体，当时海尔集团员工约 8 万人，平均每个自主经营体约有 36 人。

张瑞敏意识到，要想实现人单合一模式的落地，必须从作坊式管理转变到信息化经营的发展模式：

> 现在，我们的管理挑战很大，可以把后发的劣势变成优势，充分利用信息化，否则我们是无法存活的。过去曾经有效甚至成功的方法，今天来看都必须抛弃，采取新的策略。所以根本上来讲，就是要走信息化管理之路。如果我们不用信息化，我们就无法管理现代的企业，因为我们已经融入全球化当中去了，全球化就有全球化之道，全球化的设计、资金都需要网络畅通。[3]

随着人单合一模式的推进，海尔对“员工”的身份进行了重新认定，将员工分为在册员工和在线员工，前者是与海尔有正式劳动合同关系的员工，后者则是与海尔有契约关系的员工。这也标志着海尔不断打破自己的组织边界，朝着构建开放式网络组织迈出了坚实一步。

从 2005 年到 2012 年，海尔利用近 8 年的时间，不仅颠覆了传统的组织结构，推倒了传统组织形式中的筒仓结构，打破了各部门之间的壁垒，其组织结构从正三角组织颠覆为倒三角组织，而且建立了覆盖每个自主经营体的核算机制，将流程进行了大规模的再造。这场变革解决的核心问题是让每一个员工都能够直连市场、直连用户。

人单合一 2.0：创建共创共赢的生态圈

从 2013 年开始，海尔进入了第五个战略阶段：网络化战略。海尔将网络化战略阶段的海尔精神和海尔作风调整为：诚信生态，共享平台；人单合一，小微引爆。从新的海尔精神和海尔作风可以看出，相对于人单合一 1.0，人单合一 2.0 出现了两个新的关键词：平台和小微。

从 2015 年开始，海尔对人单合一模式进行迭代升级，推动其进入 2.0 阶段。此时，张瑞敏对人单合一模式有了新的解释。

> “人单合一”从提出到现在已经 10 年了，现在进入 2.0。“人”就是员工，“单”就是用户，“人单合一”就是把员工和用户连到一起。1.0 时期我们还提出了一个市场链模式。所谓市场链，就是把企业和市场连接到一起。虽然企业应该和市场连接在一起，但实际上是分离的。如果问企业“你的客户是谁，你给客户创造的价值是什么”，企业都很难回答上来；若再问企业的员工，可能更回答不上来。当时我们为了让企业内部和市场连接起来，就在内部划分了单位，变成一个个自主经营体。但是，问题来了，因为受到原来组织机制、框架的限制，再往下走，必须要将原来的全部颠覆掉。[4]

从张瑞敏的这段讲话可以看出，和人单合一 1.0 相比，人单合一 2.0 在对“人”和“单”的定义上并没有发生大的变化，只不过是将“人”升级为“创客”，而“单”同样是指“用户价值”。

在人单合一 2.0 阶段，海尔要做的是进一步颠覆组织机制和组织框架，构建一个共创共赢的平台。从具体的措施上，张瑞敏提出了“三化”，即企业平台化、用户个性化和员工创客化。这三化之间的关系是：企业平台化是人单合一模式的必要条件，如果不改变企业原来的组织结构，就不可能做到平台赋能；用户个性化是人单合一模式的目的，所有的组织颠覆和机制都是为了这个目的，都是为了给用户提供个性化解决方案；员工创客化是人单合一模式的充分条件，没有员工最大的积极性，目标就不可能实现。

为了推动企业平台化，海尔将其组织结构逐步演变成“平台+小微企业”，原来的自主经营体升级为小微企业，后者比前者有更大的自主权，这也意味着海尔在人单合一2.0阶段把权力进一步向市场前端释放，开始构建共创共赢的生态圈。

> 现在海尔创业生态圈里面没有科层，只有三类人，这三类人没有职位高低，差别只是所掌握的、创造的用户资源不同。第一类人叫作平台主，关注平台上有多少个创业团队能够成长。平台主不是官员，也不是上级领导，而是服务员，负责给这个生态圈浇水施肥。第二类人是小微主，就是一个创业团队，这个创业团队在平台上茁壮成长。第三类，原来的员工变成创客。所有人形成一个组织，齐心协力来创造用户最佳体验。[5]

利用企业平台化这一策略，海尔继续坚持颠覆科层式的组织体系，这次颠覆的目标是把科层制颠覆为创客平台，把传统的管控模式颠覆为平台赋能模式。为此，海尔构建了不同的平台，比如卡奥斯平台、体验云平台、海创汇平台、HOPE平台、大共享平台等，这些平台的核心功能我在第2章已经详细解读过。

利用用户个性化这一策略，海尔在直连用户的基础上，不断改变用户的角色定位，将用户从一次性交易对象变成价值共创者，即让用户全流程参与价值共创。与用户的持续交互不仅让海尔能够生产出个性化的产品，而且能够实现产销合一。

利用员工创客化这一策略，海尔改变了员工的身份，将员工从原来的被雇用者、执行者，变成创业者、合伙人。为此，海尔创造了动态合伙人制，这种制度将员工的股权和绩效紧密结合起来，将静态股权变为动态股权，从而激发出创客们持续创造价值的动力，让每个人都成为自己的 CEO，从而实现自创业、自组织、自驱动的目的。

人单合一 3.0：创建物联网生态品牌

2019 年 12 月 26 日，海尔对外发布了第六个战略阶段的主题：生态战略。相应地，海尔精神和海尔作风调整为：诚信生态，共赢进化；人单合一，链群合约。同时，人单合一模式也进行了升级，正式进入 3.0 阶段。在这个阶段，人单合一模式的核心目标就是构建基于物联网生态品牌的黑海生态。和人单合一 2.0 相比，3.0 有两个明显的变化：共享平台升级为共赢进化，小微引爆升级为链群合约。张瑞敏在对外发布生态战略时解释了共赢进化的含义。

> 共赢进化，就是和用户一起进化，这体现了区块链一个很重要的特征——去中心化的用户自信任。去中心化之后，用户可以信任你，是因为他和你共赢进化。某种意义上说，用户也是一个创造者。链群合约，体现了区块链另一个很重要的特征——去中介化的价值自传递，因为在链群合约里，所有的价

值、所有的节点，都是融合在一起的。[6]

从某种意义上来说，共赢进化仍然是坚持以用户价值为中心。这是人单合一管理模式中一以贯之的核心原则，海尔仍然需要在未来进一步推动产销一体化模式，让用户参与价值创造，让用户与企业共同进化，从而形成共创共赢的黑海生态系统。

和人单合一 2.0 阶段显著不同的是，在 3.0 阶段，海尔将用户价值从产品价值升级为场景价值。2020 年 9 月 11 日，海尔智家在北京 001 号体验中心对外发布了全球第一个场景品牌：三翼鸟。和传统的产品品牌不同的是，三翼鸟场景品牌可以为用户提供涵盖阳台、厨房、客厅、浴室、卧室等空间的智慧家庭全场景定制化解决方案。

三翼鸟概念来自混沌理论中的奇异吸引子，其内部模块不断组合变化，外部稳定并拥有强大的吸引力。海尔认为，在充满了不确定性的物联网时代，场景是混沌的、动态变化的。海尔希望能够利用三翼鸟这一场景品牌，深刻洞察用户需求，为用户提供因需而变的个性化解决方案，并且吸引内外生态方，共同形成合力，创造出巨大的蝴蝶效应，推动家庭物联网走进千家万户。

从产品价值到场景价值，从家电到智慧家庭解决方案，这意味着海尔服务用户需求的边界被无限扩大，这也需要海尔升级价值创造的组织体系。因此，在人单合一 3.0 中，创造价值的组织从小微企业升级到了小微链群。

一个新的挑战是，如何让小微链群自动协同起来为用户创造场景价值？海尔创造了链群合约机制，利用这一利益共赢机制，海尔可以将生态系统中的生态资源高效地统一起来。

> 海尔在物联网生态品牌方面已经处在探索的引领阶段，现在我们需要把链群合约尽快落地。这是我们面临的一个挑战。链群合约以区块链的智能合约为基础，又优于智能合约。智能合约可以看作区块链的2.0，如果没有智能合约，区块链就只是一个分布式的记账体系而已。但智能合约虽然能保证资产交易的过程透明、可追溯和不可篡改，但仍不能创造新的价值。链群合约优于智能合约的地方就在于可以和用户共创新的体验迭代。[7]

在张瑞敏看来，看似非常复杂的经济学实际上就是要解决两个难题：第一，如何创造财富？第二，如何分享财富？海尔利用链群合约把这两个问题合并到了一起，从整体上解决财富创造与分享的问题。链群合约的核心机制是增值分享，小微企业在创造财富的同时也分享财富。

从2005年到现在，人单合一模式一直在不断地创新和迭代，但万变不离其宗。在深入理解人单合一模式不断变化的同时，我们也需要理解人单合一模式中不变的管理原则，唯有如此才能以不变应万变，从而汲取人单合一模式的精髓，并结合具体的应用场景创造性地借鉴。

海尔人单合一管理模式深受管理大师彼得·德鲁克管理思想的影响。在《距离已经消失》这篇文章中，张瑞敏写道：“彼得·德鲁克曾说过，企业的目的只有一个合理的定义：创造顾客。在过去创建海尔集团的25年里，我们谨记这一至理名言。”

人单合一管理模式在本质上回答了彼得·德鲁克提出的4个经典管理问题：1. 谁是企业的顾客？ 2. 什么是顾客认可的价值？ 3. 企

业的经营战略是否匹配顾客的价值？4.从顾客那里获得的价值是什么？因此，我认为人单合一管理模式不变的是对价值创造与价值分配机制的持续探索。全面地理解人单合一模式，就需要认真体悟这三个关键字：人、单、合。

第一是“人”。人是管理的起点，也是一切管理的前提。人单合一将人的价值放在首位，抓住了管理的本质，正如张瑞敏所说的“企业即人，人即企业”。从海尔人单合一的变革过程来看，核心其实就是变革人、发展人，激活每名员工的活力和潜力。“人”的概念并不仅仅指海尔内部的员工，海尔已经建立了全球人才生态链，这里的人也包括海尔外部具有创业精神的人，即全球创客。人单合一管理模式对“人”在管理中的角色和作用进行了重新定义，从传统的被动执行转变为自我管理和自我创业，因此“让每个人都成为自己的CEO”是海尔推动管理变革的终极目标。

第二是“单”。单就是用户价值，体现的是以用户为中心，其中分为三个层级：用户需求、用户价值和用户付薪。首先，识别用户个性化需求；其次，将用户需求转化为用户价值；最后，用户根据其获得的价值“付薪”。创业的本质就是识别创业机会并将创业机会转化成用户认可的价值，从而满足用户需求，所以单的核心是用户价值。只有对用户有价值的，才能够称为真正的单。衡量单质量高低的唯一标准就是创造用户价值的大小，给用户创造的价值越大，单的质量就越高，单自身的价值也就越大。

第三是“合”。合即是战略管理大师迈克尔·波特和营销大师杰克·特劳特等人强调的匹配原则，也就是彼得·德鲁克所说的消除距离。在人单合一中，“合”有三种形式，即三种匹配模式。

一是把每个创客的创业机会和用户的需求、价值匹配起来，消除创客与用户之间的距离，和用户的距离越近，就越能识别用户需求，越能创造出用户认可的价值；二是把“单”的大小，即机会和目标的大小与资源匹配起来，承接的单越大，获得的资源和支持就越多；三是把每名创客创造的价值与自己的利益匹配起来，完成单的价值越大，个人得到的报酬和利益就越多，这在本质上就是用户付薪。简言之，人单合一就是创客价值与用户价值合一。

人单合一：模型与内容

人单合一不是管理概念，而是海尔在物联网时代探索、创新的平台企业管理模式。从管理概念上升为管理模式，或者发展成为管理理论，尚有很远的路要走，因为任何一种管理模式都是一系列要素的组合体。我认为管理模式是以管理哲学为基础，在管理过程中不断形成的一套管理系统。管理模式至少应该包含三类基本要素：管理工具、管理机制和管理哲学。其中，管理工具属于运行层面，也是管理模式中比较容易模仿和复制的；管理机制是运行的基础，往往隐藏在管理体系的后面，不易被发现，也不易被模仿；管理哲学则是管理模式的灵魂，和企业创始人的价值与经营理念有关，是管理模式中最不能被复制和模仿的。[8]

我在《海尔转型——人人都是 CEO》一书中将人单合一管理模式提炼成了一个包含 9 个要素的模型，该模型主要反映了 2005 年至 2016 年期间人单合一模式的核心特征。从 2017 年开始，海尔对人单合一模式进行了持续创新和迭代，相应地，人单合一模式的运营体系和管理工具也发生了较大的变化。为了更为全面、及时地反映人单合一模式的最新进展，我在上一模型的基础上进行了修订，在总体结构上我仍然按照 9 要素的分类方法，更新了部分要素，以更契合当前人单合一管理模式的核心思想。

新的人单合一模型同样分为 3 个层次，共包括 9 个核心要素（图 9-1）。第一个层次为价值创造体系，主要包括 4 大要素：小微企业、用户场景、用户价值和用户付薪；第二个层次为价值支持体系，主要包括创客所有制、链群合约、平台分权和平台赋能这 4 个核心要素；第三个层次是价值哲学，包括人的价值第一，这是人单合一管理模式的理念和灵魂。

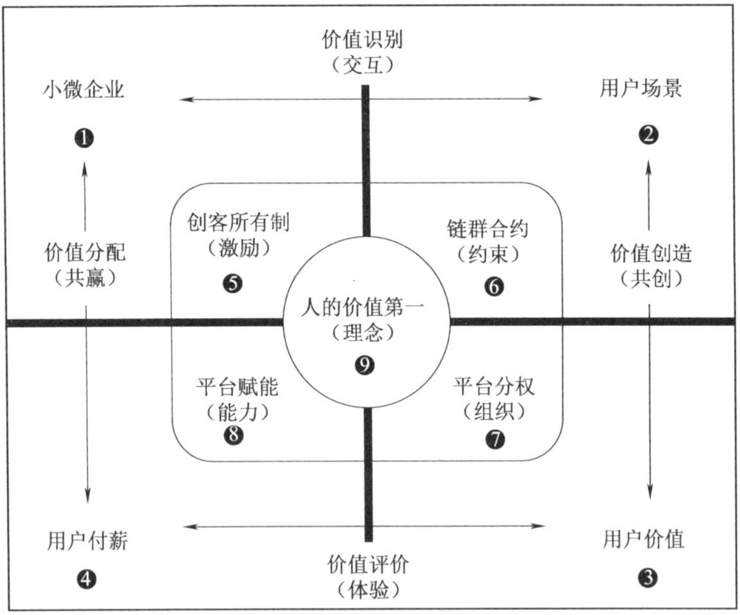

图9-1　人单合一3.0

首先，让我们来看看人单合一管理模式的价值创造与价值分配体系，它包括小微企业、用户场景、用户价值和用户付薪 4 个基本要素。

要素 1：小微企业

人单合一模式的目的是打造共创共赢的生态系统，它在某种意义上也是一个集体创业家平台。企业创业理论指出，创业是创业者识别、发现或者创造机会的过程。由全球创客组成的小微企业是人单合一管理模式中创造价值的基本单位，围绕着用户需求，小微企业会自发协同形成小微链群，小微链群则是动态的价值创造网络，以链群合约为纽带，按单聚散。

要素 2：用户场景

小微企业创造价值的过程从识别用户场景的需求开始，并在此基础上将需求创造出新的商业机会，利用用户场景需求创新商业模式。比如，海尔将智慧家庭划分为智慧客厅、智慧卧室、智慧阳台、智慧厨房和智慧卫浴五大场景，每个场景中包含了若干个智慧解决方案。小微企业与用户持续交互，将用户场景需求变成个性化解决方案。

要素 3：用户价值

用户价值是人单合一管理模式的首驱力，是整个管理模式的核心，也是每个小微企业存在的目的和意义。小微企业不是孤立地为用户创造价值，而是将用户融入全流程中共同创造价值。价值共创极大地提升了用户的体验，增强了用户的黏性。小微企业通过为用户创造价值，进而实现了自身价值。

要素 4：用户付薪

在人单合一管理模式中，经营的结果直接落实到了每个小微企业和每个创客身上，核心原则是“我的用户我创造，我的增值我分享”。共赢增值表体现了合一的理念，根据用户价值完成情况确定小微企业和创客的薪酬，把创客的报酬与他为用户创造的价值紧密结合，是创客自我经营的最终结果，体现了创客自主运营、自负盈亏的原则。

我们从图 9-1 中可以看出，价值创造体系中的 4 个要素不是独立存在，而是相互支持、相互制约的关系。任何一个要素都不能单独发挥作用，4 个要素构成了人单合一管理模式的价值创造体系。这个运营体系充分体现了管理学中的匹配原则，共包含 4 种匹配关系。

全球创客和用户场景之间存在匹配关系，这种关系可称为价值识别，即创客的创业机会与用户需求的匹配。

用户场景和用户价值的匹配关系可称为价值共创，用户需求孕育创业机会，回答创业方向是什么，解决“知”的问题，而用户价值则体现为将创业机会转化成用户认可的价值，即将机会转化为经营成果，是“行”的结果。

用户价值和用户付薪的匹配关系为价值评价，创业机会和用户需求只是假设的“单”，只有通过创造用户价值才能够将“单”完成。借助用户对价值的全流程评价和体验，转化成价值和结果的“单”才是付酬的依据，即用户付薪。创客获得的报酬高低又会影响“单”的执行。如果小微企业和创客最终的报酬没有达到预酬的标准，就会促使创客反思问题，寻找差距，进而寻找新的创业机会。

用户付薪和小微企业之间的匹配关系为价值共赢，即一流的创客获得一流的报酬，反之，一流的报酬又会吸引一流的创客加入小微企业，二者良性互动，形成了开放的生态人才体系。

在人单合一管理模式运营体系各要素之中，全球创客是“本”，小微企业是创客实现梦想的载体，用户价值是创业机会实现的经营成果，用户付薪是对小微企业及创客转化创业机会和创造用户价值的认可。4 个要素之间的交互关系推动了每个小微企业自运转和自进化。

接下来，让我们看看人单合一管理模式的价值支持体系，它包括激励机制、约束机制、组织形式和平台能力这 4 个要素。

要素 5：创客所有制

创客所有制是人单合一模式中的核心激励机制，简称“创客制”。在这种制度中，被激励的创客合伙人在达成对赌目标并符合平台条件的情况下，可以获授相应的创客份额或创客股权，其性质不等同于法律意义上的股份。创客所有制的第一个特征是动态优化。依据为用户创造价值的大小，合伙人可以动态地进、出、升、降，避免了一旦拥有股份就失去创新动力的弊端及激励对象的短视化倾向。第二个特征是基于价值结果，利益共享、风险共担。海尔创客制要求创客遵循对赌跟投的原则，如果跟投的企业出现亏损，优先用创客跟投部分抵损；如果跟投的企业实现超额利润，创客可享受超值分享。如果创客合伙人给企业造成损失，其拥有的创客份额、创客股权将用于抵损。[9]

要素 6：链群合约

链群合约是人单合一模式中的核心约束机制，它的本质是小微企业之间的契约机制。围绕着用户场景价值目标，组成小微链群的小微企业之间需要签订对赌契约。链群合约实质上是一种市场化契约，通过签订协议确定不同主体的责任、利益相关方的权责及利益分配。小微链群是一种开放的、动态的价值网络，同时可以引入海尔外部的资源方，围绕着用户体验共同进行价值创造，在链群合约中获得增值分享，促进组织的自我进化，实现各攸关方共赢。和链群合约相匹配的是共赢增值表，它可以准确反映用户价值，将产品收益上升到生态收益。

要素 7：平台分权

平台分权制是人单合一模式的组织形式，这类组织形式的核心架构是：平台 + 自主经营团队。其中平台包括两个层级，即后台和中台；自治单位是具有高度自治权的小微企业，又称为前台，从而形成了“后台 + 中台 + 小微企业（前台）”的三级结构。平台分权制是一种去中心化的网络结构，让企业变得更加敏捷和灵活。同时，它赋予各个小微企业更大的自主权，通过后台和中台为小微企业提供支持，组织信任度更高。敏捷的结构也大大提高了整个组织的适应能力和开放能力，让大象也能跳舞，把大企业做小的组织原则使得企业能够快速适应外部环境的变化。最后，决策权下移到具有自治权的小微企业，提高了决策的效率和质量。

要素 8：平台赋能

平台赋能是人单合一模式的核心能力，它由若干个平台集成在一起，共同为小微企业赋能。赋能平台的核心特征是数字化和智能化，利用这些模块化的能力组合，平台可以为小微企业在价值创造过程中提供支持，最终为用户提供独特的个性化体验。

经营企业不能没有经营哲学。纵观在全球范围得以广泛传播和推广的卓越管理模式，比如福特的科学管理模式、丰田的精益管理模式等，它们共同特质是都有其独特的经营哲学，这种经营哲学是管理模式之灵魂。海尔的人单合一管理模式亦不例外，其经营哲学是管理模式中最为核心的要素。

要素 9：人的价值第一

“企业即人，人即企业”是张瑞敏奉行的经营之道。企，止于人。人止了，企业就停止了。企业，不就是“人之业”吗？从本质上来说，平台企业就是有共同梦想的人在一起建功立业的场所。海尔之所以能转型为平台企业，其根本动力就是来自“企业即人”的经营理念。

亚里士多德曾经提出过“第一性原理”这一概念。他认为任何一个系统都有自己的第一性原理，它是一个根基性的命题或假设。它不能缺省，也不能被违反。从某种意义上来说，第一性原理就是决定事物本质的不变的法则。[10]

“人的价值第一”就是人单合一管理模式坚持的第一性原理，它既包括员工的价值第一，也包括用户的价值第一。张瑞敏认为，管理模式的终极目标就是让人的价值最大化。2019 年 12 月 26 日，在海尔庆祝 35 周年的演讲中，张瑞敏解释了“人的价值第一”这一基本原则：

> 我今天讲的主题是“人是目的，有生于无”。关于这个题目，我琢磨了好长时间。这八个字能最好地诠释海尔 35 年来的创业精神和拼搏精神。35 年前，海尔一无所有，不但没有，而且是负资产，资不抵债。几百人的小厂濒临倒闭。当时谁也不知道会有今天，我也想不到。但是为什么会有今天呢？就靠这个“无”，有形都出于无形，这个无形就是创业精神。海尔的创业精神说到底就是坚持“人的价值最大化”，或者说“员工第一”。[11]

以上从价值创造体系、价值支持体系和经营哲学三方面，对人单合一管理模式包含的9个要素进行了简要介绍。为了能够更全面地理解这三者之间的关系，我借用美国著名心理学家戴维·麦克利兰1973年提出来的“冰山模型”，再次解释人单合一管理模式中各要素之间的关系。

以冰山模型来解释人单合一管理模式，价值创造体系中包括的4大要素——小微企业、用户场景、用户价值和用户付薪属于“冰山的顶部”，是人单合一管理模式中的外在表现，是最容易被观察到的，也是相对容易被模仿和学习的；价值支持体系包括的4大要素——创客所有制、链群合约、平台分权和平台赋能则属于“冰山的中部”，这些要素或明或暗，不易观察，不易学习和模仿；而经营哲学包括的人的价值第一，则完全属于深藏的“冰山的底部”，最难观察，最难以衡量，也最难以学习和模仿，但它是整个人单合一模式的哲学基础和灵魂。

基于黑海战略，海尔的战略目的是构建生生不息的商业生态系统，海尔将这种生态系统称为“黑海生态”，并将黑海生态定位成一种独特的智能生态。对海尔来说，人单合一就是形成这种独特生态所依赖的战略地图，紧紧围绕着“人的价值第一”这一根本宗旨，将用户的需求置于黑海战略实施的首要位置。同时，倡导以价值创造者为尊，将组织转化成为自驱动的平台生态系统，最大限度地激发员工潜能，围绕顾客需求，永续创造，进而实现每个人的自我价值。[12]

企业产生管理的新概念容易，真正形成管理模式难，尤其是具有普适性的管理模式，更是凤毛麟角。改革开放40多年来，中国已

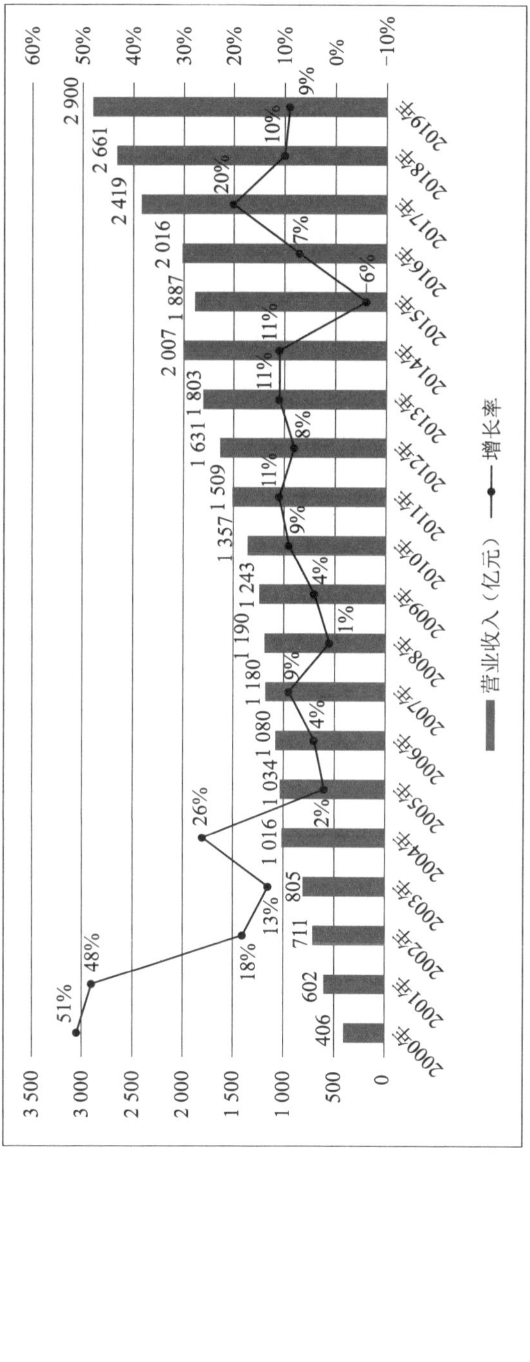

图9-2　海尔集团营业收入与增长率（2000—2019）

经涌现出许多大型跨国企业。在 2020 年的《财富》500 强榜单中，中国企业的表现非常抢眼，中国大陆（含香港）的公司数量达到 124 家，历史上第一次超过美国（121 家）。加上台湾地区的企业，中国共有 133 家公司上榜，这一数量创下历史新高。

中国大型企业在全球市场的快速崛起，也让我们对中国企业发展具有普适性的管理模式给予了更高的期望。海尔的人单合一模式受到了国际学术界和企业界的高度重视。经过 10 多年的组织变革和管理实践，人单合一已经发展成为互联网时代一种平台企业管理模式。更为难得的是，海尔在推动组织变革的同时，其业绩同步实现了增长，这就像让飞机在飞行过程中换引擎一样，挑战很大。从图 9-2 海尔的营业收入数据来看，从 2000 年到 2019 年，在近 20 年的时间里，除 2015 年，海尔的营业收入每一年都实现了正增长，稳健增长的业绩足以显示出海尔在变革中塑造的组织韧性，这背后的核心就是在变革中坚持了第一性原理，充分调动了每一个人的积极性和活力，让每个人都成为自己的 CEO，让每个人的价值最大化。

> 大家都说提倡企业家精神。我认为，企业家精神是搭建平台以涌现更多企业家的精神，而不仅仅是企业家自己的精神。光靠一个人顶什么用？熊彼特说，执行创新活动的个人可以被称为企业家，又说企业家的出现如蜂巢涌动。就像德鲁克说的：“每个人都是自己的 CEO。”[13]

让海尔的生态中涌现出更多的企业家，让海尔的每一位员工都成为自己的 CEO，正是人单合一模式追求的终极目标。

第10章

黑海战略：工具与机制

在真实世界里，无论如何设计，无论合同如何繁复细致，都不可能设计出最优的合同，不可能将所有条件下的所有责任、权限都规定得一清二楚，一定会有漏洞，所以做不出完全契约，但是可以通过治理结构和产权结构克服代理的局限。

——2016 年诺贝尔经济学奖获得者　奥利弗·哈特

在上一章，我将管理模式定义成包含管理工具、管理方法论和管理哲学的管理系统，如果不具备这三个要素，充其量只是管理概念，而不是管理模式。海尔独创的人单合一模式不是管理概念，而是包含一系列管理工具、管理方法论和管理哲学在内的管理模式，它是海尔实施黑海战略的“管理芯片”。在这一章，我将重点介绍人单合一模式中的方法论、核心工具和机制，其中核心方法论是人单合一计分卡，核心工具是共赢增值表，核心机制是用户付薪，简称“一卡一表一薪”。

核心方法论：人单合一计分卡

方法论对管理模式至关重要，它是实施管理模式的战略指引。在人单合一模式中，人单合一计分卡（rendanheyi score card, RSC）就是该模式的方法论，也是海尔实施黑海战略、推动组织转型的战略工具：

人单合一计分卡是由海尔集团在物联网时代首创的，承接了人单合一模式和用户付薪理念，是从组织变革和生态成果两方面考评链群绩效，推动海尔转型的操作体系抓手和评价工具。人单合一计分卡体现了海尔集团颠覆传统组织形态和引爆用户体验的战略方向指引。[1]

海尔模式研究院开发了人单合一计分卡（海尔版），在此基础上我对原图中的要素进行了简化，形成了人单合一计分卡简图（图10-1），它包括两大维度和一个机制。其中，计分卡纵轴代表的是小微链群进化的组织形态，它包括四个层次：自组织、自驱动、自增值和自进化；横轴代表的是黑海生态的价值成果，它包括三个层次：高端品牌、场景品牌和生态品牌。

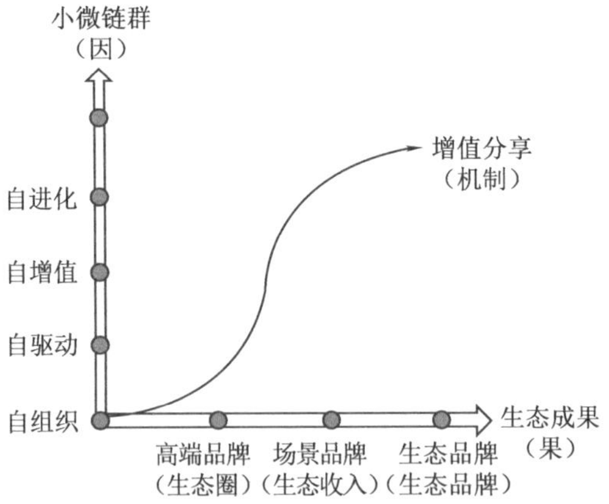

图10-1　人单合一计分卡简图

让我们首先来看看纵向的四个层次，它代表的是小微企业之间链群合约演变的方向指引，是传统组织转型为自适应、网络化组织的变革路径。

其中，自组织指的是各个小微企业能够自主根据用户需求并联内外资源，迅速组成小微链群，为用户提供个性化的解决方案。根据用户的需求变化和体验迭代，小微链群可以不断地拆分和重组。

自驱动指的是围绕用户的最佳体验，不断实现体验升级。整个链群的薪酬来源是统一的，都来源于为用户创造的价值，因此整个链群是一个利益共同体，链群内部相互监督、相互促进、自我驱动。

自增值指的是为用户创造更好的体验价值，链群就能获得更高的分享价值。由于链群内成员的薪酬多少取决于整个链群为用户创造的价值多少，所以整个链群会不断为用户创造高增值，唯有如此，才能获得高分享。增值越多，分享越多。

自进化指的是链群在用户需求的驱动下，不断引入外部资源方，提供更为优质的资源与服务。生态的自进化使新的产品、服务和解决方案不断涌现，最终实现生态的生生不息。[2]

横轴代表了黑海生态成果的三个层次：高端品牌、场景品牌和生态品牌，对应这三个层次分别有三个成果来衡量：生态圈、生态收入和生态品牌。其中，高端品牌创造的是产品价值，其载体是具有高附加价值的产品，产品品牌的溢价来自产品品质和服务。比如，海尔将卡萨帝系列产品定位成高端品牌，它们为高端用户带来了高品质和高价值。奉行高端品牌策略的企业往往采取蓝海战略，试图创新差异化的价值，从而获得产品的溢价。但是，这种策略往往会引发竞争对手的跟随，进而陷入价格战。为了避免陷入价格战，海尔的策略是构建开放式组织，链接外部生态方，打造成一个共创共赢的生态圈。

场景品牌创造的是场景价值，它是产品价值的升级，指的是小微链群能够根据用户场景的需求提供场景价值，它通常是基于场景的整体解决方案，而不再是单一的产品。比如，海尔发布的三翼鸟场景品牌，它的定位是为用户提供智慧家庭解决方案，并将家庭分为不同的场景，比如智慧客厅场景、智慧卧室场景、智慧厨房场景、智慧卫浴场景、智慧阳台场景等，每一个场景下面又细分出若干个应用场景，比如阳台场景可以根据不同用户的不同需求拆分为健身场景、花园场景、洗晾场景。海尔认为，衡量场景品牌成功与否的标准，不仅要看靠高质量的产品获得的产品收入，更重要的是生态收入，即通过和用户的不断交互获得的用户交互收入和用户交互收益率。

生态品牌创造的是生态价值，它是场景价值的升级，指的是基于用户的需求，为用户提供全生命周期的价值，将一次性交易用户变为终身用户，这就需要生态企业打破产业的边界，以用户体验为中心，与用户进行持续的交互，将来自不同产业的生态伙伴协同起来，共同为用户提供个性化、定制化的解决方案，这也正是黑海战略的目的。

利用人单合一计分卡，海尔为小微企业的成长与发展提供了战略指引，引领小微企业不断从高端品牌向场景品牌、生态品牌转型升级。张瑞敏认为这三种品牌模式也代表了三个不同的时代：

> 品牌是商业竞争的风向标和晴雨表。在传统工业时代，企业要么成为世界品牌，要么为世界品牌代工；在移动互联网时

代，企业要么拥有平台品牌，要么被平台品牌所拥有；在物联网时代，企业要么转型为生态品牌的引领者，要么成为生态品牌的合作方。[3]

物联网技术的革命正在加速产业变革，许多传统行业的商业模式正在被重塑。张瑞敏认为，生态圈、生态收入和生态品牌这一“三生”模式将是物联网时代商业模式的核心特征，也是海尔黑海生态战略的出发点。生态圈是共享经济在物联网时代的具体体现，企业与用户之间的关系，从价格交易升级为价值交互，企业与各利益攸关方的关系，从博弈转变为共创共享；生态收入，是社群经济在物联网时代的具体体现，一个健康繁荣的生态圈不仅要体现产品收入，更应体现生态收入与生态价值；生态品牌，则是物联网时代企业竞争力的综合体现，通俗讲就是平台企业满足所有用户的所有需求的能力。

人单合一计分卡中的纵轴和横轴是什么关系呢？答案是：因果关系。纵轴是因，即价值创造的主体；横轴是果，即价值创造的结果。那么，“因”如何转化为“果”呢？它依靠的是增值分享机制，也是价值分配机制，纵轴和横轴靠增值分享机制有机联系起来。纵轴的组织变革是由创客推动的，代表了人单合一中的“人”，横轴的生态成果是创客的“单”，“合一”推动了薪酬变革，由传统的岗位酬转变为用户付薪和增值分享，只有为用户创造高增值，才能获得高分享。由于纵轴和横轴是因果关系，二者相互对照就能够暴露小微链群在运行中出现的问题，从而使链群不断调整和反思。比如，如果横轴的成果没有达到生态品牌，一定是纵轴的“人”或者连接的“机制”出了问题，这就需要重新评估小微企业中“人的胜任力”，以及增值分享机制的激励性，找到绩效差距，从而制订改进计划。因此，人单合一计分卡能够作为一个战略指引工具，指导创客不断创新和变革。[4]

核心工具：共赢增值表

在黑海战略的指引下，海尔的组织形态逐步演变成“平台 + 小微”模式，在这种模式中，小微企业成为价值创造的主体，那么，该如何衡量和评估小微企业的价值呢？

在多年的组织变革中，海尔对自主经营体、小微企业的价值评价经历了传统损益表、战略损益表和共赢增值表三个阶段（图 10–2）。

在传统的财务管理系统中，损益表是衡量企业创造价值的重要工具，它包含 7 个关键指标：收入、成本、毛利、费用、营业利润、税金及附加、净利润，其基本逻辑是：收入 − 成本 − 费用 = 利润。通过对损益表的分析，我们可以获得一家企业的收入结构、成本结构、费用结构、税负结构，并从中计算出企业的净利润，以此来衡量企业创造价值的大小。

毋庸置疑，损益表对企业依然非常重要，它能够全面展示企业的盈利状况。但是，这种损益表也有一个缺陷，它只能事后反映企业的财务状况，张瑞敏将此比喻成“看着后视镜开车”。他要求财务在组织变革中从事后算账向事前算赢转型，他给海尔财务确立的战略定位和使命是做规划未来的财务。

事前算赢是对传统财务管理模式最大的突破，它体现了财务管理在组织变革中的战略地位。事前算赢要求财务部门紧盯企业的战略

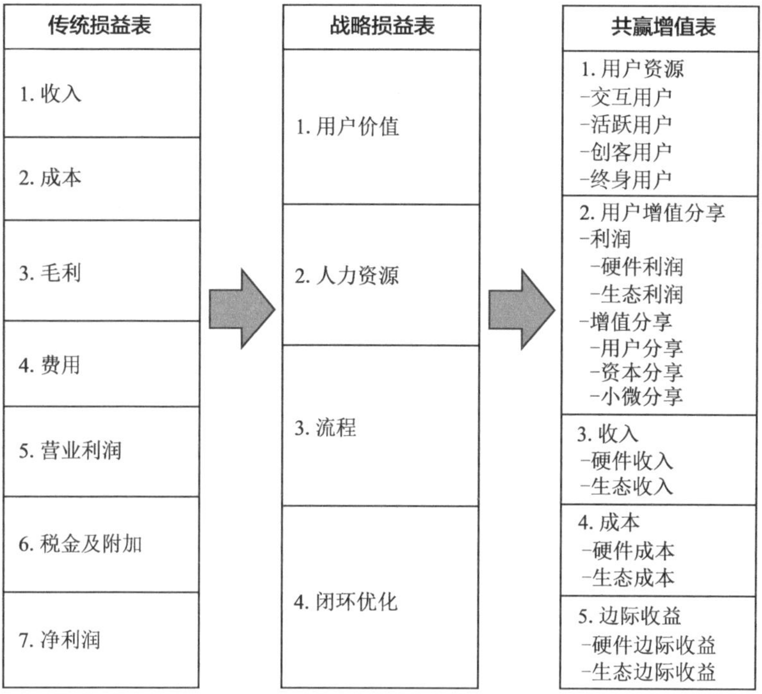

图10-2　从传统损益表到共赢增值表

目标，并根据战略目标有效配置企业的资源。同时，财务还需要融入整个企业运营环节，促进战略目标和运营过程的有效衔接，使过程可预测、可监控、可评估，并通过运营活动驱动预算，进而做到不断优化、不断改进，最终促进战略目标的达成，实现价值最大化和可持续发展。

传统的损益表是向后看，反映的是企业过去的资产、收入、成本和费用，但是领导者需要向前看，企业整合和使用资源的目的是创造价值和财富，不是为了控制成本和费用。

张瑞敏认为，海尔的人单合一模式形成了新的契约关系。这种新型的契约关系不是以企业为中心，而是以用户为中心。同时，员工与企业的契约关系也转变为小微企业与用户之间的契约关系。人单合一模式强调一切源于用户，一切为了用户。这样，传统的损益表就很难在海尔的管理模式中发挥作用，很难衡量小微企业的真实绩效。为此，海尔创造性地开发出一种新型的财务报表体系：战略损益表。

那么，什么是战略损益表呢？它包含哪些内容？它和传统的损益表有何不同？

战略损益表中的“战略”两个字是关键，它表示战略损益表衡量的是小微企业创造的战略价值和战略绩效，共包括四个核心要素：用户价值、人力资源、流程和闭环优化。

传统损益表反映的是企业在一定会计期的经营成果及其分配情况，是一段时间内公司经营业绩的财务记录，反映了这段时间的销售收入、销售成本、经营费用及税收状况，报表结果为公司实现的利润或造成的亏损。而海尔的战略损益表则以用户为中心，反映小微企业为用户创造价值的情况，是一段时间内小微企业战略绩效的财务记录。在海尔，只有为用户创造价值和增值，才能称为战略绩效。

战略损益表中的收入项与传统财务报表中的收入项不同，它是指为用户创造价值而获得的收入，也就是说有些收入如果不能与用户需求挂钩，不能持续创造用户资源，即使产生了收入也不能计算在收入项中。例如有些小微企业为了完成目标，把库存里能耗高且毛利低的旧型号通过降价促销的形式卖给消费者，这样尽管收入有所增加，但并不是真正给用户提供满意的产品和服务，不属于战略绩效，因而收入也不能计入战略损益表。只有销售那些既能够给用户创造价值又能给企业带来高增值的产品，其收入才能计入战略损益表。[5]

总之，战略损益表的最大用处，并非向后看，而是朝前看，就是要帮助分析小微企业的业绩目标是否符合战略定位，有哪些可以把握的战略机会，达成战略的路径是否清楚，预定目标与标杆对比是否有竞争力，以及可以从公司内外获得哪些资源来保证目标达成。

黑海战略的目的是构建生生不息的生态系统，相应地，就需要衡量小微企业如何创造生态价值。为此，海尔开发了共赢增值表来衡量小微企业的价值，并从 2015 年开始广泛应用于对小微企业的价值评价。

共赢增值表包括五大维度：用户资源、用户增值分享、收入、成本和边际收益。

共赢增值表首先衡量的是小微企业是否拥有用户资源，它主要包括交互用户、活跃用户、创客用户和终身用户四个二级指标。其中，交互用户是指能够全流程参与产品创意、设计的用户；活跃用户是指通过预售等途径与海尔生态系统进行交易的用户；创客用户是指与平台互动并进行定制、交易的用户；终身用户是指持续不断地与平台互动、交易，并持续参与平台演进和价值共创的用户。

共赢增值表的第二个维度是用户增值分享，它包括利润和增值分享两个子维度，其中利润包括硬件利润、生态利润两个指标，前者是销售互联网硬件产品（网器）产生的硬件利润，后者是生态系统创造的利润；增值分享则包括用户分享、资本分享、小微分享，其中用户分享是指用户参与价值创造后获得的收益，资本分享是指投资者根据股份多少分享到的收益，小微分享是指小微企业根据增值多少和基于投资分享到的利益。用户增值分享反映了小微企业创造的利润和增值，以及增值如何在不同的利益方之间进行分配。

共赢增值表的第三个维度是收入，它包括硬件收入和生态收入，其中硬件收入是指销售互联网硬件产品（网器）而产生的收入，生态收入是指小微企业利用平台创造的增值服务收入，这些收入需要由更多的生态伙伴共同创造。比如，在衣联网小微链群中，一台智能洗衣机的收入是硬件收入，而由智能洗衣机作为入口实现的后端衣物护理服务收入为生态收入，利用生态收入的多少可以衡量生态系统中生态伙伴的参与度和价值创造能力。

共赢增值表的第四个维度是成本，它包括硬件成本和生态成本，前者衡量硬件制造、销售、管理等环节所产生的资源成本，后者衡量利用硬件构建生态系统、获得生态收入所产生的资源成本。例如，生产一台洗衣机产生的材料、制造、销售、运营、人工等成本属于硬件成本，而利用洗衣机构建衣联网生态系统产生的成本则属于生态成本。尤其重要的是，在成本维度中，共赢增值表还增加了边际成本这一指标，它包括硬件边际成本、生态边际成本，使用各自的总成本除以活跃用户数来计算，这一指标可以反映每一个活跃用户产生的成本，指引小微企业不断增加活跃用户的数量，从而不断降低硬件边际成本和生态系统边际成本。

共赢增值表的第五个维度是边际收益，它包括硬件边际收益和生态边际收益，这个指标反映的是单个活跃用户产生的平均边际收益，指引小微企业不断拓展生态系统，增加活跃用户数量，鼓励用户购买更多的生态服务，从而提高单个用户的边际收益。[6]

和战略损益表相比，共赢增值表不仅突出了对用户资源、用户价值的重视，更加突出强调了生态收益、生态利润的重要性，这与海尔的黑海战略是一脉相承的。共赢增值表可以很好地反映生态资源方创造价值的大小，从而衡量平台和生态的竞争力。共赢增值表的用户增值分享机制，可以很好地衡量小微生态企业吸引生态资源方参与构建生态系统的能力以及为用户创造价值的能力。美国管理会计师协会在对海尔共赢增值表进行详细研究后，对其给予了很高的评价，并将共赢增值表与企业的损益表、资产负债表、现金流量表对应起来，称之为企业的第四张表。总之，共赢增值表是海尔承接和驱动黑海战略的核心工具，可以驱动小微企业（链群）加速向共创共赢的生态品牌转型。

核心机制：用户付薪

管理的本质是创造价值和分配价值，两者相辅相成、缺一不可。没有价值的创造，分配价值就无从谈起；没有价值分配机制，就不会激发创造价值的动力。在《海尔转型——人人都是 CEO》一书中，我详细对比了传统的薪酬机制与海尔实施的薪酬机制。基于计算薪酬的依据不同，传统的薪酬机制主要包括职位薪酬、能力薪酬，其中职位薪酬根据任职者承担的职位价值大小来计算报酬，能力薪酬则根据任职者能力大小来计算报酬。海尔则不同，它采取的是价值薪酬，即基于创造价值的大小来计算薪酬。

在海尔，核心的激励机制是用户付薪，这一机制的基本原则是增值分享，即“我的用户我创造，我的增值我分享”。前半句话说明了创造财富的原则，后半句话则指明了分配财富的原则。用户付薪机制包括若干个薪酬制度，我主要介绍两个主要的薪酬制度：人单酬和创客制。

人单酬，顾名思义是以“单”为基础的报酬体系，也就是说“单”是计算报酬的核心依据。为什么海尔将“单”作为计算报酬的依据？因为，人单合一管理模式的本质是员工价值与用户价值的合一，“单”衡量的是员工为用户创造的价值。以“单”来计酬，实际上是将员工（人）的薪酬和为用户创造的价值合一，即“人—单—酬”合一。

人单酬和传统职位薪酬、能力薪酬体系有很大不同，尽管我们不能简单地以对或错的标准来衡量薪酬体系，事实上也不存在绝对正确或者绝对错误的薪酬制度，任何企业都需要根据自身行业的特点来设计独具特色的薪酬制度，但这并不意味着我们不能对薪酬制度进行评价。我认为至少可以使用两个标准来评价薪酬制度：（1）对员工的激励程度；（2）用户价值的满足。

这两个标准相辅相成。第一个标准是薪酬制度设计的初级目的，任何一个薪酬制度，其核心都是为了激励员工的创业和创新激情，激发员工的斗志和激情，让员工获得成就感；第二个标准是薪酬制度设计的最终目的。企业激励员工的目的是让员工能够为用户创造价值，进而为企业赢得利润。也就是说，第一个标准是第二个标准的基础，我们常说只有满意的员工才能带来满意的用户，正是这个道理。

在人单酬制度中，计算员工薪酬的依据是其为用户创造的价值，创造的价值越大，得到的报酬越高，在海尔被称为“高单和高酬”。

所以，为了得到更高的报酬，小微企业必须时刻清晰地知道自己的用户是谁，并要持续关注用户需要什么样的价值，没有了用户价值，就没有了小微企业的薪酬。

> 知道自己的用户是谁，这是人单酬的必要条件，但还不是充分条件，只有为用户创造差异化的增值，企业才有超额利润，员工才有高薪酬。仅仅知道自己的用户是谁，却不能为用户增值，就会陷入同质化的价值竞争，企业同样不可持续，这样人就是零价值的员工。[7]

从这点上来讲，人单酬机制是一个开放和动态的体系。它的开放性表现在“为有能力人的着想”，薪酬并没有上限，只要能够完成第一竞争力的目标，创造第一竞争力的价值，就能获得上不封顶的报酬。当然，这种开放性也带来了薪酬的动态性。如果小微企业不能创造第一竞争力的价值，则可能得不到任何增值的报酬，甚至会出现亏损。

相比人单酬，职位酬和能力酬则显得封闭和静态。它们的封闭性表现在事先僵化地将薪酬固定下来，而且和任职者为用户创造的价值关联度不大。任职者更多的是接受上级领导的事后考核和评价。这种封闭性的直接结果是薪酬高度静态，固定薪酬比例过高，忽视了员工的绩效表现和其为用户创造的价值，容易出现“干多干少一个样”。

用户付薪机制中的第二个核心制度是“面向全员创客的激励与约束机制”，简称“创客制”。基于创客制，海尔制订了创客激励计划，每一个为用户创造价值的创客都有机会获得创客份额。创客制是一种动态的激励机制，它的动态性表现在三个方面：激励对象的动态性、激励份额的动态性和分红的动态性，调整的原则是增值分享。

首先来看一下激励对象的动态性。什么样的创客才有机会获得创客份额呢？ 主要有两个标准：其一，创客所在的小微企业和小微链群需要达到事先确定的增值目标；其二，创客本人也需要达到预定的增值目标。只有这两个标准都达到了，创客才有机会获得创客股份，这就将创客的个人利益与小微企业、小微链群的整体利益结合在一起，鼓励实现同一目标。

在分配创客份额时，海尔依然采取增值分享的原则。比如，对于同一个小微企业的创客，即使他们都获得了激励的机会，但在分配创客份额时，会依据创造价值的大小来决定份额的多少，谁创造的价值大，谁拥有的创客份额就多。

创客股份首先可以分红。奖金分红不是按份额静态分红，而是由创造的增值决定收益的大小。比如，两个拥有同等创客股份的创客，获得的收益未必相同，谁的增值大，谁的收益就大。

创客股份还能用于投资。创客还可以将自己持有的创客股份，在一定时间后，及满足一定条件的情况下（例如以个人现金出资对赌跟投为前提等），申请使用创客股份跟投到小微企业之中，从而持有小微企业的股权。

因此，不同于其他上市企业采取的股权激励措施，海尔创客拥有的创客股份是动态的，可以增减，其标准是创客所创造的价值。海尔集团总裁周云杰认为这种模式体现了激励与约束的融合：

> 海尔的全员创客制，不同于上市公司的股权激励，关注公司短期市值，少数人拥有。也不同于西方的委托代理激励机制，强调对股东负责，收入取决于拥有的股份，而是让每一个员工在为用户创造价值过程中来获得他的分享。持股之后，并不意味着你拥有了股份就可以分享价值，而是必须在当年为用户创造价值后才能结合创客的股份，分享自己的价值，这就是激励与约束的融合。

海尔为每一位创客建立了独立的“激励卡”，它记录了创客们获得的各种收益和拥有的创客股份。在创客制的创客激励平台上，创客的数量每年都会发生变化，有新进入者，也有被退出者。在每年的 12 月或者次年的 1 月，小微链群会对创客是否符合激励的标准进行自主评价。如果创客在当年的绩效未达到标准，就不能获授创客份额，相反，如果创客当年业绩达到了标准，就会进入创客激励平台或者持续获授创客份额。激励对象能进能出，创客份额能多能少，分红能高能低，完全取决于创客、小微企业或者链群为用户创造的价值大小，这种动态的进出升降是创客制的核心原则。

如果说人单酬是基于用户价值的短期激励计划，那么，创客制则属于中长期激励计划。而且，创客制将创客的个人利益、小微企业（链群）的利益和企业的整体利益融合起来，形成了利益共同体，实现了“同一目标、同一薪源”。

诺贝尔经济学奖获得者让 · 梯若尔认为，个人目标与集体目标保持一致非常重要，而要达到这种一致性就需要有相应的激励措施来支撑，特别是通过采取激励性措施来抑制对组织有害的行为，鼓励对组织有利的行为。[8]

在任何企业中，激励与约束都是管理模式的核心，无论是哪种类型的行为风险和道德风险，都可以借助激励或监督进行有效控制。激励主要可以划分为货币激励和非货币激励。在大多数企业中，员工的货币报酬可以分为三部分：工资、奖金和股票（或者股票期权）。其中，工资属于相对固定部分，不具有明显的激励作用，而同公司效益挂钩的奖金和股票（或者股票期权）才是货币激励政策得以实施的主要手段。梯若尔认为，在股票与股票期权的选择上，往往后者更为合理，股票期权可以更紧密地将管理者的报酬同公司业绩相关联，可以避免公司管理者因持有股票而放松努力的情形。而在股票期权与奖金的选择上，则更倾向于形成一种互补的关系，股票期权更适用于对管理者长期绩效的关注，而奖金则更好地激发了管理者对短期绩效的达成，只有协调好两者之间的关系，才能保证公司在短期与长期目标之间的合理权衡。[9]

在海尔的用户付薪体系中，人单酬和创客制等激励机制形成了人单合一激励体系，人单酬注重当期绩效和增值，创客制注重中长期绩效和价值创造。人单酬和创客制都是以为用户创造价值为导向，关注创客个人利益、链群（小微）利益和企业整体利益的结合。

对任何领导者而言，激励与约束都是管理中的头等大事，也是企业管理中的难题。正如诺贝尔经济学奖获得者奥利弗·哈特所言，在现实世界中，无论你怎样设计，无论契约如何繁复细致，都不可能设计出最优的契约，不可能将所有条件下的所有责任、权限都规定得一清二楚，一定会有漏洞，所以我们无法设计出完全契约，但是可以通过治理结构和产权结构克服委托—代理的局限。

哈特教授提出的不完全契约理论明确了激励与约束中的一个难题，即不能把每个人的贡献和每个人产生的收益都很好地加以匹配。许多企业广泛采用的委托—代理激励契约就是一种不完全契约，委托—代理机制只能对上层少数管理者产生影响，同时很容易形成管理层对股东的欺骗。而海尔现在推行的用户付薪机制，不同于委托—代理激励契约框架，对契约机制进行变革，使激励契约不只是少数人的专利，而是所有员工（创客）的权利。全员契约是让每个创客在市场上都有契约。通过全员契约，所有员工的收益都与市场，也就是创造的用户价值挂钩，创造的价值越大，员工参与分享的价值就越大。因此，海尔的人单合一模式在某种程度上解决了激励与约束的难题。[10]

除了货币激励之外，海尔还在精神激励上下了很大功夫。海尔推行人单合一模式的终极目的是实现每一个人的价值最大化。正如张瑞敏所言：

> 精神的力量是非常强大的。人单合一的本质是解放人性，让人学会思考，实现最大价值。如果平台上每个人都有自我信仰，都坚信自己能做到最好，那这个平台的凝聚力就会很强。[11]

在海尔，创客们坚持的信仰就是“为用户创造价值”。

第11章

黑海战略：实施措施与路径

经济不一定处于均衡状态。在这个系统中，行为主体会不断地改变自己的行动和策略，作为对他们共同创造出来的结果的回应。也就是说，在这个系统中，行为主体会不断地创造出一个“生态”来，而这个生态恰恰是他们自己必须适应的。

——著名经济学家、复杂经济学创始人　布莱恩·阿瑟

张瑞敏意识到，在物联网时代，万物互联、人人互联、人物互联已是大势所趋，竞争模式也因此升级，从企业之间的竞争、产业之间的竞争，升级为商业生态系统之间的竞争。在物联网催生的数字经济大背景下，企业要么转型为生态品牌的引领者，要么成为生态品牌的合作方。海尔坚定地选择了向生态品牌企业转型，以黑海战略为指引，围绕智慧生活构建生生不息的商业生态系统。

问题是，其他企业如何借鉴和实施黑海战略呢？是不是只有像海尔这样的大型企业才有能力和资源实施黑海战略呢？实施黑海战略有哪些战略措施和路径？

可以肯定的是，并非只有大型企业才有能力实施黑海战略，它也不是大型企业的专属战略，大量的中小企业依然可以借鉴并实施黑海战略。在本章，我首先以海尔生物为案例，剖析这家企业如何从硬件企业转型为生态企业，并据此提出企业实施黑海战略的具体措施。

战略转型：从“产品价值”到“生态价值”

海尔生物的前身是“海尔特电”，它成立于 2005 年 10 月，当时，青岛海尔及特种电冰柜分别出资 4 750 万元和 250 万元，合计 5 000 万元，共同设立了青岛海尔医用低温科技有限公司，核心业务是生物医疗低温存储设备的研发、生产和销售，可以提供覆盖 -196℃至 8℃全温度范围内的生物医疗低温存储设备，比如低温冰箱、低温储藏箱等。

海尔生物所在的行业属于低温存储行业，这一行业的特点是专业化程度高、市场高度细分、市场参与者数量少。数据显示，生物医疗低温存储行业全球市场规模从 2008 年的 17.7 亿美元增长到了 2018 年的 27.47 亿美元，国内市场规模在 2018 年为 1.45 亿美元。显然，这是一个小众细分市场。[1]

图 11-1 展示了海尔生物自成立以来的产品演变，一个关键的时间节点是 2017 年，这一年海尔生物研发出物联网超低温保存箱，开启了低温存储设备的物联网化，而在这之前，海尔生物生产的产品都属于不能联网的传统低温存储设备。

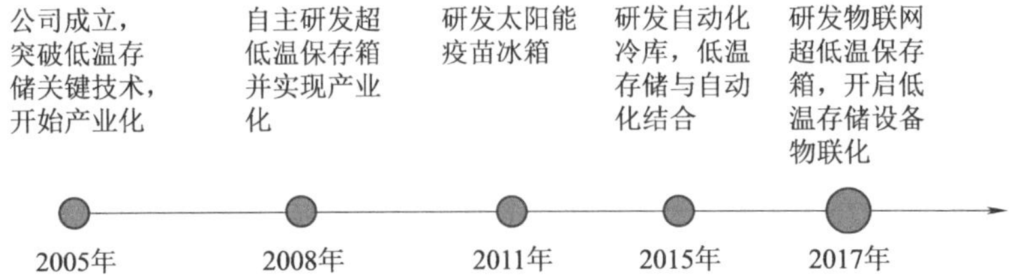

图11-1 海尔生物的产品演变

也就是从 2017 年开始，海尔生物在战略上探索实施黑海战略，并于 2018 年将物联网技术与生物医疗低温存储技术融合，推出了物联网智慧血液安全解决方案和物联网智慧疫苗接种解决方案，并将公司的战略定位调整为：基于物联网转型的生物科技综合解决方案服务商。

那么，海尔生物如何实施黑海战略？如何利用物联网技术重塑商业模式？如何从产品企业转型为生态企业？接下来，我以海尔生物的疫苗网为案例，揭示其背后的竞争战略与核心措施。

巩燚是海尔生物的一名技术开发人员，偶尔一次带孩子去打疫苗，发现疫苗接种门诊的冷链设备落后，存在很大的安全隐患。经过多次现场调研以及与多名家长、医疗监管机构管理者的沟通和交流，巩燚发现在传统的疫苗接种模式中，家长、接种点和监管机构都有各自的痛点（图 11-2）。比如，家长们对疫苗的信息几乎一无所知，是否安全也不确定；基层预防接种门诊冷链设备普遍落后，接种环节人工操作强度大、易疲劳，出入库未实现信息化，医务人员每天接种工作完成后需要对接种数据、库存数据等进行人工统计、核对，效率低、易出错，且信息不能及时上传至疾控中心等监管部门。

家长痛点	医疗机构痛点	监管机构痛点
• 疫苗信息不可视 • 疫苗安全性不清楚	• 手工统计，低效易出错 • 接种疫苗效率低	• 疫苗事故难追责 • 全流程监管体系缺失

图11-2　疫苗接种流程各节点的痛点

而对监管机构而言，因为缺乏全流程的监管体系，导致疫苗事故追责难。近年来，全国各地发生了多起疫苗接种安全事故，引发了公众对疫苗安全的信任危机，这也令监管部门非常头痛。

痛点就是需求，需求就是机会。巩燚敏锐地意识到可以利用物联网技术重塑传统的疫苗产业，于是他迅速在海尔生物的创业平台上“抢单”成立了小微企业“海乐苗”（最初的名字是“疫苗网”）。巩燚和他的创业团队以天津市大王庄社区卫生服务中心为样板，利用三个月的时间，通过与用户的持续交互，设计出疫苗智慧接种成套解决方案。这套解决方案的核心出发点是以智能疫苗仓储箱等智能网器作为互联互通的智能终端设备，连接各自资源方创造场景价值，最终的目的是构建以用户最佳体验为中心的共创共赢生态圈。

巩燚及其创业团队对传统的疫苗接种整体价值链进行分析，将其区分为两大场景：疫苗存储场景和疫苗接种场景（图 11-3）。

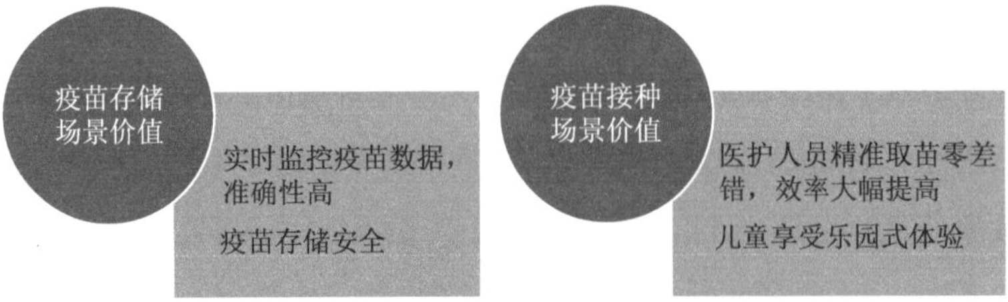

图11-3　疫苗智慧接种成套解决方案的场景价值

疫苗存储场景。在疫苗存储环节这一场景，主要的场景角色包括受种者、医务人员、疫苗生产企业、冷链企业等。疫苗智慧接种解决方案通过物联网技术，将疫苗、冷链、疫苗生产企业、受种人员、医务人员等信息实时互联，疫苗的取用和出入库都通过药品追溯码验证操作，疫苗管理实现数据化和自动化，有效保证疫苗数据的准确性、时效性，实现接种全过程可逆向追溯。

智能疫苗仓储箱通过疫苗接种信息管理系统与智能疫苗接种箱、疾控中心服务器实现数据对接，疾控中心可实时监控预防接种门诊冷链室、接种室的疫苗仓储和温度数据。医务人员需要通过指纹或密码解锁才能操作智能疫苗接种箱，智能疫苗接种箱也对医务人员的所有操作进行记录。

智能疫苗接种箱与现有免疫规划信息系统有机结合，实时采集医务人员、疫苗品类与批号、药品追溯码、存储温度与位置、冷链设备、接种时间、接种部位、接种方式等信息，可以追溯到哪位医务人员，在什么时候，用哪一台冷链设备，给哪位受种者，用什么方式，打了哪一支疫苗，这支疫苗的生产厂家、批次号、有效期等信息。若是疫苗接种存在纠纷、质疑等问题，可逆向追溯、精准召回。

疫苗接种场景。在疫苗接种场景，主要的场景角色包括受种者和医务人员，应用药品追溯码对疫苗智能核实，受种者与疫苗自动匹配，实现精准取苗零差错。

疫苗接种前的“三查七对”是保证接种质量的关键环节，目前这个环节在大多数疫苗接种单位中主要依靠人工核对，工作效率较低并且难以避免接种差错的发生。海尔生物通过对这一现实情况的调研与研究，开发了由操作区和存储区两个模块组成的智能疫苗接种箱，集成原有护士工作站上的电脑、桌面冰箱、温度记录仪、条形码扫描枪等设备，并具有温度异常等报警功能，医务人员使用起来更加便捷。操作区由处理器、显示器和扫描器组成，并与免疫规划信息系统实时对接。存储区由 8 个独立的抽屉组成，可以分别放置不同种类的疫苗，每个抽屉均可按照指令自动弹出，减少拿取疫苗的时间和可能出现的差错。

在接种时，医务人员可以扫描受种者接种证上的条形码，校验受种者信息，避免同名同姓情况下混淆受种者等极端情况的发生，确保受种者百分之百准确、无误。登记台医务人员在免疫规划信息系统登记的疫苗接种信息，传递、转化为疫苗存储区抽屉弹出的指令，实现受种者所需疫苗的精准自动弹出。医务人员取出疫苗后，再次扫描疫苗包装盒上的药品追溯码，校验疫苗种类、厂家、批次、有效期等信息，如果疫苗有误、过期或是已经被禁用，系统会给予提示，并中止接种流程，确保所取疫苗即受种者所需疫苗。疫苗智慧接种解决方案通过扫描接种本自动弹出疫苗、二次扫码电子监管码验证等信息辅助手段实现了从人防到技防的转变，确保疫苗接种准确无误，提高效率，降低了工作量。

儿童是疫苗的接种者，也是接种场景的重要角色，疫苗接种后需要30分钟的留观时间，很多接种点没有配套的留观室，妈妈只能带着孩子在走廊的长条椅上留观，并且留观时长是否达到也没有任何信息提示，儿童常常将接种点视为噩梦，一听到打疫苗就会产生强烈的抵触情绪。发现这一痛点后，海乐苗开放整合生态资源，不仅将留观区甚至是整个接种点都变成了儿童乐园，打造儿童乐园式体验，而且通过信息化手段，使每一个孩子的留观时间都可视化，极大提升了用户体验。

我将海尔生物的这种模式概念化为“基于场景价值的端云网一体化”。这是一种全新的商业模式，以创造场景价值为核心，主要包括端、云、网三个核心组成部分。

所谓“端”，是指智能终端产品，这类产品不再是传统的机械式产品，而是嵌入人工智能、物联网等技术的智能终端产品。比如海尔生物的智能疫苗仓储箱和智能疫苗接种箱就是传统电器产品的智能化；所谓“云”，是指云端服务，主要包括数据中心、数字大脑、应用平台等；所谓“网”，是指围绕着用户需求和体验构建的开放、协同、交互的价值创造网络。端云网一体化是全新的价值创造模式，这一模式将重塑价值创造和价值获取的方式，它包括三个核心要素：终端互联、数据智能、价值网络，其目的是创造基于用户体验的场景价值。

在端云网一体化模式中，一个关键的措施是构建开放、柔性与协同的价值网络。传统企业的战略是大规模生产标准化产品，通过提高效率和降低成本来获得竞争优势，这就需要不断优化、整合价值链，比如，一些企业常常采用上下游一体化的模式来提高整个价值链的效率和协同效应。但是，传统的价值链模式常常是封闭的、僵化的。

生态企业的战略是大规模定制个性化产品，这一战略需要通过构建价值网来完成。所谓价值网络，就是跨界整合、柔性协同的价值共创联盟。价值网络以满足用户最佳体验为中心，快速、灵活地配置资源，为用户创造价值。价值网络的核心是“网”，从“价值链”到“价值网”，一字之差，价值创造的模式完全不同，价值网的核心是跨界融合、柔性协同。

海尔生物的一个重要战略就是构建基于满足用户体验的价值网络。比如，部分偏远地区预防接种的设备不完善、监管有盲区、服务不便利，在疫苗冷链运输方面，个别地区依旧采用转运箱或是冷藏包，冷链全流程监管体系有待进一步完善。针对这些问题，海乐苗解决方案融合太阳能发电、5G 通信等技术，集成到医疗级改装车，打造移动式预防接种智慧平台，实现了设备、流程、监管的有效集成，从而通过构建价值生态网络为用户持续创造价值。对于攸关方，海尔生物一直在打造一个多方共创共赢的生态系统，这个生态圈内拥有政府、医院、科研院所等多个生态攸关方。[2]

竞争战略的本质是为用户持续创造价值。蓝海战略主要聚焦于利用产品为用户创造价值，即产品是价值的载体，价值的核心是性价比。而海尔生物这一案例让我们看到了黑海战略的价值，这种战略的核心是通过提供场景解决方案为用户创造价值，场景是价值的载体，价值的核心是用户体验。

2019 年 10 月 25 日，海尔生物医疗正式在上海证券交易所科创板挂牌上市，它被视为科创板第一支物联网科技生态概念股。截止到 2020 年 10 月 13 日，海尔生物的市值达到了 212 亿元（图 11-4）。对海尔集团而言，海尔生物的成功上市是海尔集团在物联网时代实施黑海战略的一个重要成果。

图11-4 海尔生物市值变化（2019.10.25—2020.9.25）

利用黑海战略，海尔生物的主营业务从生物医疗低温存储设备的研发、生产和销售，转型为基于物联网技术的生物科技综合解决方案服务商，开创性地推出物联网智慧血液安全解决方案和物联网智慧疫苗接种解决方案，推动了中国临床用血技术规范升级和疫苗管理升级，成为物联网生物科技综合解决方案的引领者。目前，其收入结构包括生物样本库、药品及试剂安全、疫苗安全和血液安全（图 11-5）。

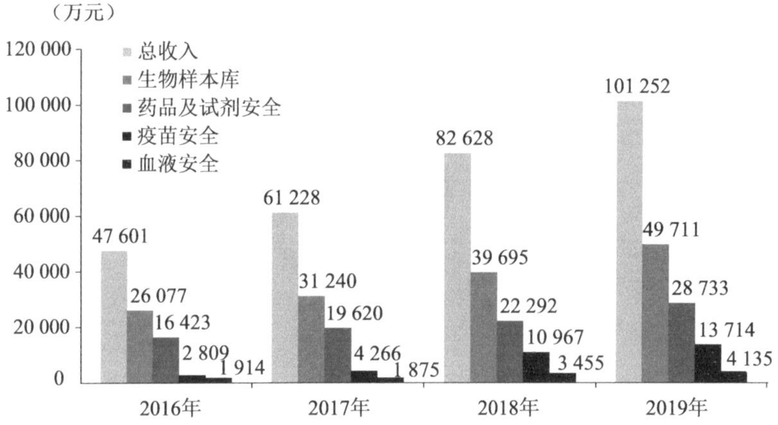

图11-5　青岛海尔生物2016—2019年主营业务收入

海尔生物战略转型的案例很好地诠释了黑海战略的精髓，海尔生物的转型方向和竞争战略也是海尔集团整体战略转型的一个缩影。海尔生物以用户的场景生态为入口，先后设计出血液网、海乐苗、生物样本库网等多个物联网解决方案，将用户、设备和产品互联互通，实现了端云网一体化的价值创造新模式。海尔集团的转型战略就是要把全球最大的白电制造商转化为生生不息的黑海生态系统，其创造价值的新方式就是利用由小微企业组成的链群创造场景生态价值，将创造价值和分享价值融为一体，最终实现“人的价值第一”。

基于对海尔生物案例的深入研究，以及对海尔其他小微企业实施黑海战略的实践观察，我发现传统企业进行战略升级、实施黑海战略，有四项核心的战略措施，它们分别是塑造生态思维、构建数字能力、开发智能产品和创造场景价值（图 11-6）。

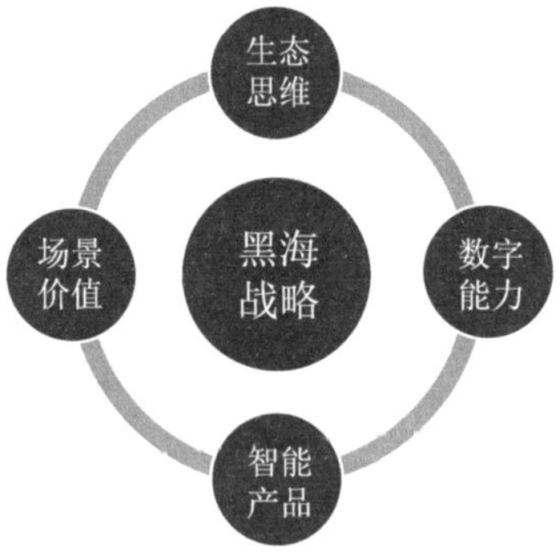

图11-6　实施黑海战略的四个战略措施

生态思维：实施黑海战略的起点

“思维”（mind）一词被人们普遍应用到变革管理领域，思维的转型是变革的起点。我们常说，没有领导者思维的转型，就不可能有企业战略的转型。但我们很快就会意识到，思维的概念是非常模糊的。什么是思维呢？在《数字思维》一书中，作者阿林多 · 奥利维拉将思维定义成“大脑行为的一种涌现性质，为人类提供了一系列认知能力，包括智能、意识、自由意志、推理、记忆和情感等”。思维最显著的特征是，它为它的主人提供了意识，以及意识能做到的一切事情。

思维源于大脑，是大脑的产物。大脑是我们思想的容器和创造者，里面装着希望，也承载着欲望和恐惧。在阿林多·奥利维拉看来，人脑是可塑的，这种可塑性体现在它的整个发育过程中，尽管可塑性在人的童年时期最强，但它贯穿人的一生。当人们有新的经历发生时，可塑性赋予正常的大脑学习和修改其行为的能力。每当我们看到或听到新事物时，每当我们形成新的记忆时，每当我们思考时，大脑的可塑性就会发挥作用。[3]

显然，外部事件的刺激会影响人的思维，尤其是当外部环境越发动荡时，人经历的事件往往就越多，需要处理的事情越加复杂，频繁的外部刺激就会让大脑处于不断的学习、修正的过程中，这就使得人们形成了不同的思维模式。

处在一个相对稳定的环境中，人常常会形成机械思维，这种思维模式的核心可以概括为确定性（或者可预测性）和因果关系，它的局限性在于否认不确定性和不可知性。

> 机械思维曾经是改变了人类工作方式的革命性的方法论，并且在工业革命和后来全球工业化的过程中起到了决定性的作用，今天它在很多地方依然能指导我们的行动。如果我们能够找到确定性（或者可预测性）和因果关系，这依然是最好的结果。但是，不确定性，或者说难以找到确定性，是今天社会的常态。

吴军在《智能时代》一书中写道，不能完全否定机械思维的现实意义，在一个相对稳定的环境中，尤其是事物之间的因果关系容易确定时，机械思维仍然有重要价值。但是，在比较动荡的环境中，尤其是事物之间难以确定因果关系时，机械思维的弊端就暴露出来了。这时，我们就需要大数据思维了。数据可以为人们提供解决问题的新方法，数据中包含的信息可以帮助我们消除不确定性，而数据之间的相关性在某种程度上可以取代原来的因果关系，帮助我们得到我们想知道的答案，这便是大数据思维的核心。机械思维建立在一种确定性的基础之上，而信息论完全是建立在不确定性的基础上，要想消除这种不确定性，就需要引入信息。至于要引入多少信息，则要看系统中的不确定性有多大。[4]

实施黑海战略除了需要大数据思维，还需要系统思维。系统是一个概念，反映了人们对事物的一种认识论，即系统是由两个或两个以上的元素结合而成的有机整体，系统的整体不等于局部的简单相加。系统思维是指以系统论为思维基本模式的思维形态，它能极大地简化人们对事物的认知，给我们带来整体性和动态性。[5]

管理者系统思维的整体性有助于理解黑海战略的本质，这一本质就是建立生生不息的生态系统，不再把竞争的着眼点放在企业与企业之间的竞争上，而是着眼于生态系统与生态系统之间的竞争。这种整体观可以帮助管理者下定决心向生态战略转型，不再犹豫和彷徨，从而推动企业尽快构建或者融入一个生态系统，将企业放入一个更大的系统之中。

任何系统的稳定都是相对的，系统会随着时间、空间的变化而动态变化。系统思维中的动态性有助于提高管理者构建敏捷性、适应性、开放性组织的意识，正是意识到外部环境的动荡性，管理者才不会固守静态的思维，不固守过去成功的经验，而是随着外部环境的变化不断调整和适应，不断推进转型与变革。

系统思维与大数据思维的融合就形成了黑海战略的生态思维，但是，要让管理者从静态思维模式转化成生态思维并不容易。在推动海尔转型与变革的过程中，张瑞敏认为向黑海生态转型的核心问题就是建立生态思维，而且这是一个非常艰难的过程。

> 现在的问题就在于怎样转化到这个生态思维上，这是很艰难的过程，包括我们自己要往这个方向转化，要让普通员工都接触、接受这个观点是很困难的事。我们现在要做的，第一个是必须把所有权力下放，过去管理上提出的“放权”是在控制主要权力的前提下的放权，我们现在叫让渡，所有权力都让渡，决策权、分配权、用人权。企业家最主要的权力就是这三权，现在都让出去了。[6]

海尔把大多数权力都让渡给小微企业之后，它依靠什么控制机制来约束小微企业呢？海尔选择了市场控制机制，让用户来控制小微企业，让用户来付薪，让用户来评价，围绕着用户价值建立价值共创的生态系统，通过“同一目标、同一薪源”的机制形成利益共同体，从而塑造所有参与者的生态思维。

我们需要意识到任何一个商业系统都是极其复杂的，在一个复杂的系统中，最重要的能力和思维是快速适应并对外部的变化做出反应，从而获得领先者优势。复杂经济学创始人布莱恩·阿瑟认为，经济参与者不一定要面对定义明确的问题，也不一定是超理性的。这种经济环境里，参与者会一起探索、尝试理解他们面临的经济状况，并对他们共同创造的结果不断做出反应。因此，经济并不是一个秩序井然的机器，而是一个复杂的、不断演化的系统。在经济系统中，存在着收益递减和收益递增两种机制。其中，收益递减机制普遍存在于传统加工制造工业，而收益递增机制则在以知识为基础的行业中起支配作用。收益递增机制导致出现一种趋势，即领先者更加领先，失去优势者进一步丧失优势。这是正反馈在市场、企业和行业内起作用的机制：强化获胜者的成功，或加重失败者的损失。收益递增带来的不是均衡，而是持续变化。如果一种产品、一家公司或一项技术靠运气或精明的战略赢得领先，收益递增能放大其优势，该产品、公司或技术就能乘胜追击，直至“锁定”（lock in）在市场中。收益递增不仅能使某种产品成为标准，更重要的是，它改变了商业运作的机制。在收益递增环境中，企业经营的驱动力量是适应，而不是最优化。[7]

数字能力：价值创造的核心动力

实施黑海战略，仅仅有大数据思维、系统思维还是不够的，接下来，企业就需要打造数字能力，提高“数字战斗力”。

现在越来越多的企业将数字战斗力视为企业在每一条价值链和场景中，收集、存储、处理、分析和转换数据的能力，这些能力会为企业带来额外的力量和竞争优势。徐少春认为，企业可以通过建设五大平台重构五种数字能力，从而构建和强化数字化业务能力，即链接客户的能力，如全链路营销、OMO（行业平台型商业模式）交易（客户体验平台）；链接员工的能力，如智能协同、智能运营、智能管控（信息系统平台）；链接伙伴的能力，如产业链主平台、产业集群平台（生态系统平台）；链接物的能力，如链接材料、链接设备、链接产品（物联网平台）；数据驱动的能力，如洞察、预测、风控（数据分析平台）。[8]

我们越来越意识到，在物联网时代，数据将成为最重要的资产之一。数据即资产，它是推动产业转型升级和助力企业数字化、网络化、智能化的核心动力。数据更是数字经济的重要载体，《G20 数字经济发展与合作倡议》中将数字经济定义为以使用数字化的知识和信息作为关键生产要素，以现代信息网络作为重要载体，以信息通信技术的有效使用作为效率提升和经济结构优化的重要推动力的一系列经济活动。掌握数字主权、推动数字经济的发展已经成为各个国家的战略性任务。

在物联网时代，智能终端的广泛应用将会产生海量的数据。数据不仅可以用来描述各种物体、人类社会和整个环境的行为，还可以成为价值创造的核心动力。从数据分析中获得新的价值，会使得整个产业的生产活动更加经济化、智能化，提高认识世界、改造世界和决策的能力，实现经济活动的降本增效。未来企业的核心竞争力取决于其占有数据的规模、数据的活性以及对数据解释和运用的能力。企业核心的生产资料将是数据，新的计算技术与应用正在将过去的以流程为核心带向以大数据为核心。作为最重要的生产要素，大数据及大数据处理能力会成为每个企业、每个行业的新大脑。

在第 8 章中，我指出让大数据产生大价值的核心是让数据流动起来，让数据流产生价值流，从而满足用户的个性化需求，这正是数据平台的战略定位和核心功能。张瑞敏认为物联网的基础是大数据，但不能仅仅关注大数据，还要关注小数据，即每个用户的个性化小数据是什么，只有找准了每个用户的个性化小数据，才能满足每个人的个性化需求。通过对大数据、小数据的深度挖掘，为用户创造个性化的价值。

数字经济也是以知识为基础的新经济，而在以知识为基础的新经济世界中，如果技术生态系统是战略的基本单位，那么参赛者之间的竞争就并非通过锁定它们自己的产品，而是通过建立网络——围绕一个生态系统组织起来的许多公司的松散联合，来放大基础技术的正反馈效应。海尔在变革中将衡量小微企业（链群）的核心指标从产品收入提升至生态收入，其背后的逻辑就是建立价值创造网络，实现从收益递减到收益递增，进而实现正反馈循环。[9]

智能产品：构建“端云网一体化”商业模式

实施黑海战略的第三个路径是将产品从机械产品升级为智能产品，后者则成为智能连接器，可以实现终端互联。我在前文中也指出，黑海战略采取的是端云网一体化商业模式，其中智能终端是指一切可以数字化、网络化、智能化的多元硬件，其核心作用就是获取大数据，尤其是用户行为的大数据。智能终端是数字商业模式的核心要素，它的功能和传统机械式产品有天壤之别，除了具备产品的基本使用功能，智能终端还是生态系统中的连接器以及生态服务的入口。

传统的机械式产品就像是一个个孤岛，和外界并不发生连接，而智能终端本质上就是智能互联产品，它包括三个共通的要素：物理部件、智能部件和互联部件。其中物理部件包括机械设备和电子零件；智能部件包括传感器、微处理器、数据储存装置、控制器、软件、内置操作系统和数字用户界面；互联部件包括互联网接口、天线、连接协议和网络接口等。

比如，海尔生物医疗创新应用物联网技术推出的智能疫苗仓储箱就是一款智能互联产品，它可以实现三种互联模式：人与机互联、机与机互联、机与平台互联。由于疫苗对温度敏感，从生产到使用之间的每一个环节，都可能因温度过高导致疫苗失效，其运输、贮存和使用要严格按照有关温度要求来进行。当前大多预防接种门诊仍采用普通医用冷藏箱，更有不少地区还使用家用冰箱作为疫苗的仓储设备。普通医用冷藏箱、家用冰箱无信息化管理功能，疫苗管理基本靠笔和纸进行人工统计、盘点、核对，实现票、账、货、款一致费时费力、容易出错，难以对数量、效期等做到精准管理和实时监控，较易出现疫苗过期、损毁、丢失等问题。智能疫苗仓储箱具有疫苗出入库管理、库存查询、盘点、冷链信息管理、温度异常远程报警等功能，并与现有免疫规划信息系统实时对接，将库存、冷链信息等实时上传至疾控中心。

数据智能可以持续提升客户体验。在万物互联时代，我认为数据是生态系统中最为重要的资产，是未来企业商业模式的战略性资源。互联终端产生了海量数字，这是智能化的前提条件。没有数字化，就不可能智能化。“云”是指以人工智能（算法为其核心）为基础的大数据处理能力，其核心作用就是处理大数据。

端云网一体化模式的实质是数字化模式，这种模式应对的是万物互联互通时代下的物联网革命。但是，企业实施这一商业模式，并非易事，其中最为核心的是业务数据化、决策智能化。在数据时代，数据价值就是商业价值，而算法就是提炼数据价值的技术。曾鸣认为数据就好比是数据时代的“汽油”，算法就是“引擎”，只有算法才能让数据中的能量完全喷发出来，为智能商业这辆“汽车”加速。算法是机器学习的核心。基于数据和算法，完成机器学习，实现人工智能。在端云网一体化模式中，“云”是数据聚合、算法计算的智能平台，它通过算法优化，更好地揣摩用户需求，提升用户体验。没有“云”上的数据智能实时发挥作用，真正意义上的客户体验持续提升根本无法实现。[10]

比如，2018 年 4 月，海尔生物对外发布了“云芯”超低温冰箱，这一智能终端与海尔生物“云 BIMS3.0 生物样本库平台”直接连接，后者则通过云端服务的方式分析用户全场景的行为数据，并据此制定解决方案，持续提升用户体验。

场景价值：为用户提供极致体验

实施黑海战略的第四个措施是创造场景价值。我在本书中多次强调，物联网时代，企业的竞争将从产品竞争转型为场景竞争，场景将成为产业互联网创造价值的重要载体。谁拥有了场景，谁就拥有了未来创造价值的制高点。通过构建丰富的场景，企业生产出来的数字化产品能够与终端用户直接互联互通，为用户提供终身价值，并通过终端用户的场景体验找到提升产品品质和价值的全新路径。

用户体验是场景价值的核心，用户体验场景从洞察用户需求出发，通过“端云网一体化”的商业模式，在多个触点上与用户建立全连接。其中，“端”是指终端产品，包括服务；“云”是指云服务，包括数据中心、数字大脑、应用平台等；“网”是指围绕用户需求和体验构建的开放、协同、交互的价值创造网络。

比如，海尔基于为用户创造全场景智慧生活解决方案的战略定位，推出了 U+ 智慧生活 3.0。这是基于物联网时代的用户需求，以云脑升维、UHomeOS 操作系统和场景定制为核心的物联平台。该平台可以面向不同家庭不同需求的生活场景，实现从被动服务转向主动响应的差异化场景定制。同时，华为的消费者业务也开始向全场景战略转型，推出了 HiLink 平台。该平台可以实现大小生态之间的协同，从而为用户提供全场景解决方案。

采用黑海战略，不仅需要提高用户对产品的体验，还需要以用户为中心重构价值链。张瑞敏提出，“过去的企业就是以自我为中心，采取的策略是‘我赢了就可以’，所有的供应商给我送货，谁的便宜我用谁的，不管你的死活。但在互联网时代，必须以用户为中心，用户的需求如果不能被满足，用户就不用你的产品”。不仅仅是海尔，互联网巨头腾讯借助其庆祝 21 周年（2019 年 11 月）之际，发布了“用户为本，科技向善”的新使命和愿景。用户思维正成为产业互联网时代越来越多企业的核心价值观，并实实在在地运用在企业管理、生产、运行方方面面的实践当中。

产品即服务，并不是简单的产品数字化，而是围绕用户，通过数字技术重构产业价值链，实现端到端的数字化、智慧化，在更大范围内为用户提供更好的体验、满足其更多的需求。国际数据公司

（IDC）预测，75% 的制造业价值链将通过数字连接，启动运营模式上的转型，实现产品即服务。

生态系统推动围绕用户需求的连接，将彻底改变企业服务用户的方式，最重要的变化是数据服务。数据成为核心资源，是为用户创造新价值的核心。企业生产经营活动中的各个节点产生数据，通过物联网、通信技术传送数据，再经过大数据、云计算、区块链和人工智能等处理，为用户提供有价值的数据应用。在一定程度上，产业互联网的过程也是产品数字化的过程，数字承载一切，数字颠覆一切，数字实现一切，推动产品即服务。

传统产品的在线化、智能化是产业互联网为用户提供服务的核心。根据迈克尔·波特价值链理论和产业经济学理论，产业价值链是产业中所有企业在为满足客户需求、实现价值而进行的产品设计、制造、销售过程中形成的一系列生产活动集合体。产业互联网对传统产业价值链重构的关键动作，在于将生产、研发设计、销售环节通过平台模式无缝对接，通过以消费者和大数据为主导驱动的研发模式再造，以数字车间和智能工厂为主导驱动的生产模式再造，以产品全生命周期为主导驱动的消费模式再造，实现客户全过程参与重构价值链。重构价值链将推动商业逻辑的改变，推动价值创造、获取和分配方式的改变，驱使价值从传统商业模式流向新的商业模式，从行动迟缓的传统企业流向敏捷灵活的数字化企业，推动产品与服务的融合。[11]

面对数字经济对企业传统发展模式的挑战，转型与变革是企业家们必须做出的选择。转型与变革是冒险者的游戏，企业家们既可能得到“冒险者的奖赏”，也可能得到“冒险者的惩罚”。但是，作为企业家，其核心精神就是冒险精神，正如经济学家理查德·坎蒂隆在提出企业家这一概念时所强调的，企业家就是风险承担者，二者基本同义。

决策即选择。任何决策都有风险，因为决策的信息是不完整的，事物之间也越来越难找到明确的因果关系。

> 决策是谨慎考虑、求取结论的过程，也就是在几个不同方案之间下判断、做选择，因为在决策进行的当下，事实还没有发生，也不可能发生，必须仰赖日后诸多事件的揭示才会逐渐成形。因此，决策不是在对与错之间做选择。日后等尘埃落定再回头看，决策有优劣之分，但没有绝对的对错。[12]

决策只有优劣，没有对错。在决策时犹豫彷徨、瞻前顾后，只会贻误战机。试图去寻找正确的决策就像是水中捞月。面对数字革命带来的冲击，企业家们正确的选择是立刻行动，迎接挑战，获得领先者优势。正所谓变革正当其时，决策从当下开始。

第12章

黑海战略：拥抱第四次管理革命

在企业内部，市场交易被替代，企业家来指挥和协调生产。而在企业之外，价格的变动决定生产，通过市场交易来协调。市场运行存在成本，这些成本主要包括价格搜寻成本、市场交易的谈判和签约费用等。而企业的存在能够替代市场的根本原因，就在于企业能够节约交易成本。因此企业在本质上是一种不同于市场交易活动的另外一种契约形式，即“价格机制的替代物”。

——1991 年诺贝尔经济学奖获得者 罗纳德·科斯

在《变革的力量》一书中，哈佛大学商学院教授约翰·科特将领导行为分为三个阶段：第一阶段，定向。确定未来的愿景，并为实现这一愿景制定变革战略。第二阶段，联盟。对潜在合作对象阐明企业的目标，在他们充分理解、认同企业愿景并愿意投身这项事业的基础上形成联盟。第三阶段，激励。通过诉诸人类非常基本但常常未得到满足的需求、价值和情感，使团队战胜变革过程中在政治、官僚和资源方面遇到的重大障碍，沿着正确的方向前行。[1]

约翰·科特区分了管理职能和领导职能的不同，并认为领导的首要职能就是创造重大的变革以实现更美好的愿景，通过高度激励使员工全情投入到创造变革的过程中，因此，定向、联盟、激励是领导力的三个核心要素，也是企业变革关注的核心问题。定向指出了一条适合企业发展的道路，有效的联盟能使人们沿着这条道路前进，而有效的激励则能确保这些人有足够的能量来克服沿途的路障。

现在，考验领导力的时候到了。在数字革命的冲击下，许多企业都需要重新定向，重新找到发展的方向，并在此基础上重塑组织模式和激励模式，否则，就无法在物联网时代获得竞争优势。没有成功的企业，只有时代的企业。同样，没有成功的管理模式，只有时代的管理模式。所有的管理模式，都有它的时代性。

越来越多的领导者意识到，当下正处在管理的大变局时代，我们需要新的战略思维重新审视企业的发展战略和运营模式。在《第四次管理革命》一书中，我回顾了管理学过去 100 多年的发展历史，并将这 100 多年的管理历史划分为四次管理革命。第一次管理革命从 1901 年到 1940 年，主题是科学管理；第二次管理革命从 1941 年到 1970 年，主题是人本管理；第三次管理革命从 1971 年到 2000 年，主题是精益管理。21 世纪，我们迎来了第四次管理革命，主题是价值共生，引擎是互联网。从 2001 年到 2020 年，我们已经看到消费互联网对传统企业管理模式带来的深刻影响。未来的 20 至 30 年，产业互联网将是发展的新引擎，它将推动企业的管理模式和运营模式发生巨变。可以预见，我们将会进入一个数字化、智能化、平台化和生态化的管理新时代。

管理新时代，需要管理新规则，这些新规则包括新战略、新组织和新激励。

新战略：从“蓝海战略”到“黑海战略”

战略即定向，其本质是确定企业未来的发展方向。方向不对，努力等于浪费。多年以来参与企业战略变革的经历告诉我，战略方向上的错误，无法用战术上的正确来弥补。确定战略方向，首先需要领导者能够敏锐地识别出外部环境的变化，顺势而为。当前的大势就是物联网经济的蓬勃发展，企业需要抓住这个大势，才能制胜于未来。

2020 年 9 月 20 日，全球知名的品牌战略咨询机构凯度咨询集团联合牛津大学赛德商学院、海尔集团共同发布了《物联网生态品牌标准及白皮书》（以下简称《白皮书》），对物联网生态品牌的标准与定义进行了详细说明。这份报告引用了全球移动通信系统协会发布的《2020 年移动经济报告》中的数据，2019 年全球物联网总连接数已达 120 亿，预计到 2025 年将增至 246 亿。未来几年，全球物联网收入将由 2019 年的 3 430 亿美元（约合人民币 2.4 万亿元）增长到 2025 年的 1.1 万亿美元（约合人民币 7.7 万亿元）。

《白皮书》指出，与移动互联网连接的设备接入量相比，物联网的连接规模整整大了一个数量级，涉及的领域涵盖可穿戴设备、智能家居、自动驾驶汽车、互联网工厂和智慧城市的一切。未来，只有你想不到的，没有物联网连接不到的。在物联网时代，万物互联互通，这将从根本上改变我们习以为常的生活方式，也必将重构全球产业经济的格局，重塑企业的战略模式。

> 要想在物联网时代的全球竞争中获得竞争优势，企业不仅需要在技术上和产品上不断创新，更需要通过模式创新为自身构建独特的护城河。随着科技和产品迭代的速度越来越快，“蓝海”正加速转变为同质化竞争的“红海”，单纯依靠在技术 / 产品上的推陈出新，企业很难保持竞争力。[2]

我在第 2 章中将战略分为四个层级，从 1.0 到 4.0 分别是：产品型战略、方案型案例、平台型战略和生态型战略。其中蓝海战略在战略 1.0 和战略 2.0 阶段对企业具有重要的战略意义，这种战略模式尤其强调通过一系列战略行动的设计，聚焦于价值创新，让产品具有差异化的价值，从而获得竞争优势。而到了战略 3.0 和战略 4.0 阶段，黑海战略则成为企业进行定向的战略指引，这种模式以构建平台生态系统为核心目的，通过构建平台组织、塑造平台能力，为用户提供基于场景的整体解决方案，在竞争策略上，将聚焦于产品价值的体验转型为聚焦于场景价值的体验。

物联网时代，需要重塑企业的战略观。传统战略观认为“战略即匹配”，战略的最基本任务是识别机遇目标和整合资源，并将目标和资源进行有效的匹配。在物联网时代，“战略即生态”，核心是打造价值共生的命运共同体。未来的企业只有两种命运，要么生态化，要么被生态化。前者是大型企业的生态战略，后者则是专业化企业的生态战略。在这种生态体系中，生产关系将从零和博弈向命运共同体转变，从线性竞争转变为生态共赢，各方通过共同整合产品和服务来共同创造价值，形成资源共享、协同发展、共生共荣的新生态。

海尔是践行黑海战略的先行者，但不是唯一的实践者。事实上，许多大型企业都已经开始了向生态企业转型，积极实施黑海战略。比如，腾讯面向生态合作伙伴不断开放其平台能力，正在成为生态系统中的“连接器和赋能器”。马化腾认为伴随着数字化进程，移动互联网的主战场正在从上半场的消费互联网，向下半场的产业互联网方向发展。在产业互联网时代，腾讯坚持一切以用户价值为依归，将社会责任融入产品及服务之中，同时推动科技创新与文化传承，助力各行各业升级，促进社会的可持续发展。

阿里巴巴也正式进入了物联网产业。2020 年 7 月 16 日，阿里巴巴全球首个新制造平台——犀牛智造工厂——在杭州正式投产。早在 2016 年，马云就提出了五新战略：新零售、新制造、新金融、新技术和新能源。犀牛智造平台就是新制造战略的具体载体，其目的是通过数字技术对传统制造业进行深度重构，实现制造业的智能化、个性化和定制化。

华为也加大了在物联网领域的产业布局，华为将自身的愿景和使命调整为："把数字世界带入每个人、每个家庭、每个组织，构建万物互联的智能世界，我们希望每一个人都能够从数字技术中受益，不让任何一个人在数字世界中掉队。"2019 年 9 月 18 日，在华为全联接大会上，华为公司副董事长胡厚崑阐释了华为推出的"TECH4ALL 数字包容"行动计划。"数字包容"是指个人和群体平等获取和使用信息及通信技术（ICT）的机会。"TECH4ALL"则是华为面向"数字包容"话题的倡议和长期行动举措。华为的战略目的是在未来 5 年，再让全球 5 亿人从数字技术中受益。"TECH4ALL"围绕技术、应用和技能三个方面来开展。在技术方面，华为将通过连接、人工智能、云、移动终端等技术创新，持续降低连接的成本和消除覆盖障碍；在应用方面，华为将赋能生态系统，帮助开发人员为不同的社区和行业创建更多应用程序；在技能方面，华为将与政府、当地社区和其他行业合作，提升全社会的数字技能。[3]

海尔、腾讯、阿里巴巴、华为等领先企业纷纷启动新一轮的战略变革，利用黑海战略来拥抱产业互联网，已经成为这些领先企业的共识。这不仅点燃了产业互联网的市场热度，更是加快了产业互联网对传统产业的重构，催生了新一轮的技术革命和管理革命。

新组织：从“控制”到“共治”

战略决定组织，组织影响战略。新战略需要新组织，新组织需要新变革。创新是驱动变革的燃料，领导者们都深谙这一点。根据波士顿咨询公司的调研，79% 的领导者将推动创新视为公司运营中头等重要的大事。他们其实都非常明白，创新是推动企业持续变革和保持竞争优势的唯一法宝，然而，现实中的创新成果令人失望。麦肯锡公司的调研发现，94% 的领导者都对公司的创新绩效感到失望。[4]

是什么因素抑制了组织的创新活力？又是什么原因导致创新绩效差强人意？其中有两个重要的原因值得检讨：第一，组织是否雇用了有创新力的员工？第二，组织是否创造了有利于员工创新的结构、机制和环境？

大量的研究表明，人的行为是组织机制下的产物，因此，组织的结构、机制和环境是影响创新绩效的核心要素。组织的一个核心特征就是人与人之间的相互联系，其中任何人都不是完全独立的，大多数员工都因为工作、技术、管理体系和职级，与他人联系在一起。一旦企业试图变革，这些联系就对实施领导力形成了特殊挑战。如果大多数人不能联合起来朝着同一个方向努力，那么势必相互掣肘。

一个不争的事实是，许多组织依然是控制型组织，这类组织在流程、制度设计上以防范和控制为主，甚至故意让部门之间、管理者之间、员工之间相互掣肘，这让员工们产生了一种无力感，而正是这种无力感阻碍了企业的创新，让企业难以在快速变化的市场中采取敏捷的应对措施。在控制型的组织中，即使那些有创造力的员工能够正确地觉察到重大的外部变化，积极地采取适当的行动，也容易由于领导看不惯他们的所作所为而受到责难。责难的形式有上百种，比如“这样做违背政策”“我们不能承受这样做的代价”“闭嘴，做你该做的事”，等等。[5]

黑海战略下的组织是共治型组织，这类组织可以解决员工创新中的无力感，从而推动组织持续变革和快速创新。我发现，在基于黑海战略构建的平台生态系统中，共享、共治、共益三者共同构成了生态系统的核心竞争力。我在第 2 章中指出，和传统科层式组织强调管控和集权不同，平台组织强调赋能和分权。平台组织治理机制的核心是共治，这种治理模式有效平衡了自发治理（自治）与有目的治理（管控）。

我们需要意识到，在物联网时代，共治型组织是大势所趋，我们必须做好变革组织的充分准备。复杂经济学创始人布莱恩 · 阿瑟认为，新时期的经济，是不断演进的一种生态。就像候鸟群，每一只候鸟做出反应，临近的候鸟都需要做出相应反应。布莱恩 · 阿瑟将海尔的小微链群组织比喻成“候鸟群”，他认为小微企业作为海尔生态系统中的基本创业单元，就像是一只只单独飞行的候鸟，它们自行决定飞行动作；但当其中一只飞鸟（小微）看到环境（用户体验）变化，并做出反应时，整个鸟群（链群）都会随机而动。

> 经典经济学理论基于各种要素在均衡状态下的相互关联。但物联网时代的经济是不均衡的，传统经济学和复杂经济学都需要“摸着石头过河”，海尔的创新探索和实践，提供了新的方法论和体系。[6]

海尔基于黑海战略不断变革组织，其目的就是希望实现全员共治，借此把控制型组织的劳资关系转变为一种共创共赢的关系，让每个人都是创业者，都是创客，让每个人都成为自己的CEO，都成为赢者。共治型组织尤其强调平台赋能，这也是为什么海尔近几年来发力建设开放式创新平台、创业平台、体验云平台、大共享平台、工业互联网平台等多个平台的主要原因，以平台为基础的共治型组织保持了刚性与柔性的平衡。平台是刚性的，包括强大的中台和稳定的后台，以保证企业聚焦战略，利用平台做大生态、做成大事业；而小微和链群则是柔性的，就好比水母一样，每个小微不需中枢指挥，可即时对用户需求做出反应，捕捉市场机会。

共治型组织需要平台能力的支撑。在本书中，我多次强调，向生态企业转型是许多企业的“大战略”，但是，“大战略”需要“大能力”。我越来越体会到，战略不仅仅是指明企业未来的发展方向，它更是“目标与能力的匹配”。如果没有能力的支撑，宏大的战略根本无法落地实施。

不仅仅是海尔，其他领先企业，比如阿里巴巴、谷歌、亚马逊等，在向生态企业转型的过程中，都在通过创新组织形式、构建平台结构来提升组织能力。阿里巴巴也是利用平台构建共治型组织的先行者。阿里巴巴提出了独特的大中台、小前台的平台结构，而且强调在塑造平台能力的过程中，要以前台业务能力优先。阿里巴巴集团董事局主席张勇认为平台能力是一个不断动态演化的过程，中台将集合整个集团的运营数据能力、产品技术能力，对各前台业务形成强力支撑；有了中台能力的支撑，作为前台的一线业务会更敏捷、更快速地适应瞬息万变的市场。前台的核心是敏捷，聚焦于经营；

中台的核心就是共享，聚焦于赋能。业务能力要逐步下沉到中台，有共享的价值，不重复建设，

> 中台是阿里非常独特的战略。在独立业务拓展期、突破期，一定用独立团、独立师、独立旅建制来做。反过来管理到一定阶段，出现太多独立师、独立旅，大家各自建小煤窑，每个人都觉得自己能够建成现代化的煤炭产业。这时候要统一搞，要关停并转，要合并同类项，取消重复性建设。[7]

最近几年，平台概念炙手可热，许多创业者都声称要构建平台业务，但张勇对此并不认同，他认为如果第一天奔着平台来创业，基本上都是死。同样，如果一个企业内部奔着中台做中台，也是死。所有平台都是从实战当中打出来的，没有实战当中的经历和建设，你都不知道客户需求是什么，凭什么能够为所有人服务，这是不可能的。这时中台做得不好就会变成瓶颈。做得好的中台都是依托一个大业务，就是这个业务的一部分，做着做着，就会发觉它已经足够茁壮，而且能支持其他业务场景，因此，就可以中台化。张勇的核心观点是，中台是沉淀出来的，不是从底下长起来的，底下长不起来中台。

中台能力的提升赋予了一线业务前台的敏捷性，这为一线业务团队的创新创造了更有利的环境，进而提高了创新的绩效。

> 春江水暖鸭先知。所有商业设计的源泉，都来自对市场的敏锐度。敏捷对一个组织很重要，对领导者也至关重要。你有

没有敏锐度、敏捷度，能不能洞察市场的反应变化，哪怕是一些微妙变化，这是一个企业保持独特生命力的源泉。[8]

共治型组织还重新定义了企业的边界。著名经济学家罗纳德·科斯在其论文《企业的性质》中提到，企业的显著特征就是作为价格机制的替代物。企业的产生，就是用“组织成本”取代“交易费用”。企业产生的原因，就是组织成本比交易费用低。而决定企业边界的，就是其组织成本和交易费用的对比。当组织成本小于交易费用时，企业扩张；当组织成本等于交易费用时，企业到达边界。

根据科斯的企业边界理论，如果企业在某个产品上非常有竞争力，那就扩大生产；如果不如别人，就缩小边界。张瑞敏认为科斯的理论是对的，但科斯所在的时代没有互联网。在科层制组织里，谁的资源比别人多，边界就比别人广。然而，现在企业完全是跟互联网结合到一起的，从某种意义上来说，资源是无限的。因此，从这个意义上来说，共创共赢生态圈也是无边界的。[9]

无边界的共治型组织在本质上是一个联盟，它连接的不仅仅是资源，还有智慧，因此，我更乐于称这种共治型组织为“智慧联盟”。在这样的生态组织中，各联盟方利用共治的机制，共创价值，共享利益。

在物联网时代，构建共治型组织，实现生态系统中的智慧联盟成为领导者新的战略任务，这就要求战略管理者应该把企业间的关系看成不同的物种或有机体在一个生态系统内共同演化的过程。一方面，一个企业需要推动它的产品和技术成为其生态系统中的主导物种，控制行业标准的话语权；另一方面，它也需要保持警觉，防范和打击来自其他生态系统的挑战，从而在更大和更高层次的生态系统中成为占主导地位的子系统。[10]

新激励：从“物本制”到“人本制”

在《领导力与新科学》一书中，作者玛格丽特·惠特利指出关系是宇宙的基本组成要素，任何事物都不能独立存在。

> 生命系统生生不息的奥秘在于：它们通过不断学习、不断适应而成长起来。合作，而绝非竞争，让生命变得更加繁茂。他们发现，生命系统建立的都是相互依存的关系网络。[11]

我非常认同玛格丽特·惠特利的观点，也一直将商业生态系统视为一个生命系统。一个商业生态系统是否繁荣，是否能够生生不息，在很大程度上取决于这个生态系统中的生态伙伴之间是否能够建立相互依存、相互合作、价值共创的关系。但是，在当今的商业世界中，许多组织和管理者片面、狭隘地理解生态伙伴之间的关系。2020年，IBM 价值研究院针对 13 个行业、300 多位企业高管进行了调研，发现 52% 的企业高管表示，重塑消费者体验面临的最大问题是：虽然做了打造客户体验的工作，但没有顾及合作伙伴的体验和员工的体验。IBM 给出的建议是，打造“全生态体验”。在“客户、员工、生态”的三维关系中，客户体验的成败往往直接或间接地取决于客户与员工的互动。因此，企业需要一支充满创造力、想象力、自我驱动力、自我实现的员工队伍；同时，还需要重视用数字化的手段，打造“个性化、简单和赋能”的现代员工体验。[12]

IBM 提出的全生态体验是一种系统观，它将客户、员工与生态融为一体，并且强调员工的自我创造和自我实现能力。然而，要想实现全生态体验，就需要重新组织现有的激励模式，从“物本制”的激励体系转型为“人本制”的激励体系。

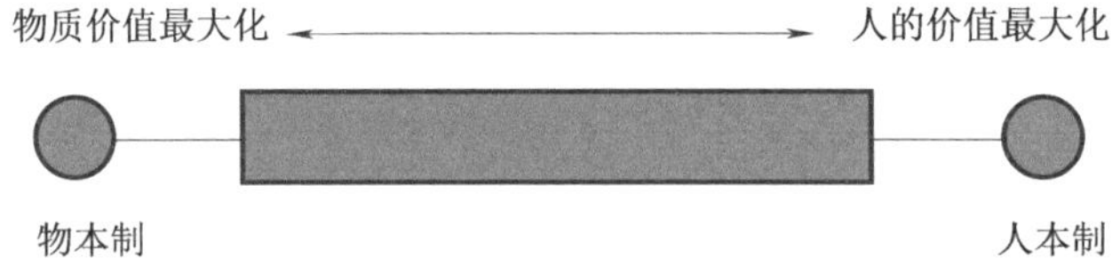

图12-1 新激励：从物本制到人本制

那么，什么是物本制呢？这种制度体系以物质利益最大化作为目标，具体表现为追求股东价值最大化、利润最大化，并将此视为设计组织激励体系的基础。人本制则不同，它以人的价值最大化为目标，将“人”视为企业的灵魂，具体表现为用户价值最大化和员工价值最大化，并据此来设计公司整体的激励体系（图 12-1）。

物本制与人本制相互矛盾吗？其实不矛盾，相反，两者是相辅相成、相互促进的。这两种制度在本质上是两种不同的经营哲学、两种不同的核心价值观。在一次访谈中，张瑞敏专门谈到了他奉行的经营哲学。

（追求股东价值最大化）的企业文化和价值观应该是始于20 世纪 70 年代，由米尔顿·弗里德曼提出。他认为，企业目标就是赚钱，为股东负责。股东第一和企业长期利润最大化，这

> 在传统时代听起来没有什么错误。但是在互联网时代，特别到物联网时代，不是股东第一，而应该是员工价值第一；不是长期利润最大化，而应该是用户体验最大化。我这里并不是说不要利润，没有利润企业没法做，但问题是这个利润怎么来，如果不是来自用户体验的最大化，你今天有利润，明天可能就没有。[13]

人是目的，不是工具。这句话是人本制坚持的基本原则。奉行人本制理念的企业在设计激励体系时，将以外部物质奖励为核心的激励作为基础，更强调内部激励对员工体验价值的重要性，注重让员工在工作中体悟到自我成长的价值、工作中的尊重、同事间的关爱、合作的乐趣以及生命的意义。

在《第四次管理革命》这本书中，我把价值共生视为物联网时代企业转型的指南针，这也是世界级企业竞争战略的共性，它们在构建管理新模式的过程中始终不背离“人的价值第一”这一基本原则。尽管每家企业的表述方式各有不同，但在激励体系设计上都坚持了人本制。“人的价值第一”原则是企业在不确定环境中转型的方向，也是企业的转型秘方。这里的“人”既包括员工，也包括用户和生态圈的其他合作伙伴，是真正的全生态体验。

著名的战略学家加里·哈默提出了员工能力金字塔，将员工的能力从低到高分为 6 类：执行能力、勤奋、专业能力、创业精神、创造力和勇气（图 12-2）。哈默认为，执行能力、勤奋和专业能力是员工在组织中工作必须具备的基本能力，这些能力可以让员工完成基本工作，但是并不能创造更大的价值。只有拥有了创业精神、创造力和勇气，员工才能够勇于变革和创新，才能在快速变化的环境中为企业创造更大的价值。[14]

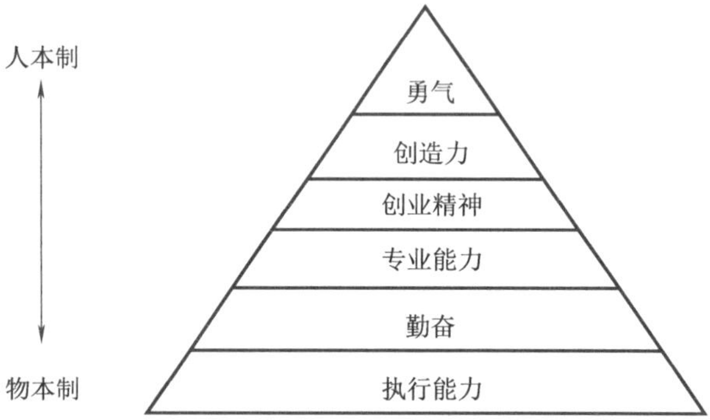

图12-2　物本制与人本制对员工能力的影响

那么，问题就来了，组织应该如何培养员工更高阶的能力，让员工创造更大的价值呢？员工具有的创业精神、创造力和勇气等高阶能力来源于他们内心的使命感和承诺感，换言之，这些能力来源于员工的自我驱动。显然，以“物本制”为基础的激励体系只能够塑造员工的执行能力、勤奋和专业能力这些低阶能力，只有以“人本制”为基础的激励体系才能激发员工的高阶能力，激发员工内心的使命与承诺。

展望未来，产业互联网正在推动第四次管理革命的发展，在这次新的管理革命中，黑海战略将会成为卓越企业的战略选择，因为，它是管理新时代的战略选择。

黑海战略其实是基于我个人的一种感性认识。伴随着互联网时代，经济大概分了三个阶段：第一个阶段是产品经济，第二个阶段是服务经济，第三个阶段，也就是现在，是体验经济的阶段。我认为，产品经济现在对应的基本就是“红海”战略。你看现在价格战已经打得不能再打了是吧？（价格）已经压得非常厉害了。服务经济是“蓝海”，它有一点空间，但不大。到了体验经济，我觉得它相当于生态，做了会变成“黑海”（战略）。所谓的“黑海”就是不太好模仿，它就像热带雨林，你可以复制一个花园，但你没法复制一个热带雨林。

张瑞敏提出黑海战略的初衷是希望用这个概念来表达企业必须构建生态系统，因为只有动态的生态系统才能拥有持续的竞争优势，才能不被轻易模仿。这就像无限的游戏，无法重复。既然无法重复，你也无法模仿，至少是难以模仿。也只有构建生生不息的生态系统，企业才能拥有更多的终身用户；也只有为终身用户持续创造个性化的体验，企业才能够在物联网时代拥有核心竞争力。[15]

持续变革与创新是区别卓越企业和平庸企业的一个重要因素，然而，变革与创新是很难的。管理大师查尔斯 · 汉迪认为，创新的第一步是要能够放弃过去的成功经验，只是大多数人太习惯于自己的舒适区，形成了惯性的思维而不自觉。持类似观点的还有彼得 · 德鲁克，他明确指出，创新的要义是“有目的地放弃”，同时，还需要克服组织惰性。

面向未来，不要让组织的惰性阻碍了变革与创新的步伐。克服惰性，勇往直前，让我们一起来拥抱第四次管理革命。

注释

第 1 章

1. 2020 年 BrandZ 全球品牌百强发布，海尔以唯一物联网生态品牌再次上榜，2020 年 6 月 30 日。来源：中国日报网，https://baijiahao.baidu.com/s?id=1670922819617538963&wfr=spider&for=pc。
2. 张瑞敏，《人是目的 有生于无》，在庆祝海尔集团创业 35 周年大会上的讲话，2019 年 12 月 26 日。
3. 曹仰锋著，《海尔转型——人人都是 CEO》（修订版），中信出版社，2017 年。
4. W. 钱 · 金、勒妮 · 莫博涅著，吉宓译，《蓝海战略》，商务印书馆，2005 年。
5. W. 钱 · 金、勒妮 · 莫博涅著，吉宓译，《蓝海战略》，商务印书馆，2005 年。
6. 张瑞敏，《产品会被场景替代 行业会被生态覆盖》，2019 年 11 月 22 日。来源：人民网，https://finance.sina.com.cn/review/jcgc/2019-11-22/doc-iihnzahi2556106.shtml。
7. W. 钱 · 金、勒妮 · 莫博涅著，吉宓译，《蓝海战略》，商务印书馆，2005 年。
8. 《负债 9 亿美元的太阳马戏团破产 真的是疫情造成的?》，2020 年 7 月 2 日。来源：《中国经营报》，http://www.cb.com.cn/index/show/gs/cv/cv12531631201。
9. 曹仰锋著，《第四次管理革命》，中信出版社，2019 年。
10. 约翰 · 刘易斯 · 加迪斯著，藏博、崔传刚译，《论大战略》，中信出版社，2019 年。
11. W. 钱 · 金、勒妮 · 莫博涅著，吉宓译，《蓝海战略》，商务印书馆，2005 年。

第 2 章

1. 关于世界 500 强企业战略转型的方向与路径，可以参考《第四次管理革命》，该书 2019 年由中信出版社出版。

2. 奥利弗·威廉姆森著，石烁译，《治理机制》，机械工业出版社，2016年。
3.《彭剑锋对话张瑞敏：如何构建股东、员工、客户的价值生态》，载于《洞察》，总第35期，华夏基石出版。
4. 维克多·黄、格雷格·霍洛维茨著，诸葛越等译，《硅谷生态圈——创新的雨林法则》，机械工业出版社，2015年。
5. 曹仰锋著，《第四次管理革命》，中信出版社，2019年。
6. 夏宁敏，《产业互联网时代平台进化四部曲》，载于《清华管理评论》，2020年8月。
7. 忻榕、陈威如、侯正宇著，《平台化管理》，机械工业出版社，2020年。
8. 李平、孙黎、邹波、薄清文，《虑深通敏、与时偕行：三台组织架构如何应对危机》，载于《清华管理评论》，2020年第5期。
9. 王保明，《“体验云”的生态下，海尔将打造物联网生态品牌的引路者和赋能者》。来源：中国工业新闻网，http://www.cinn.cn/gysp/202003/t20200306_225459.html。
10. 周云杰，《以变制变，剩者为王》，《组织韧性——如何穿越危机持续增长》推荐序，2020年4月5日。

第3章

1. 张瑞敏，《海尔自我颠覆帮助“创客”涌现》，载于《经济观察报》，2018年12月30日。
2. 克里斯·安德森著，萧潇译，《创客——新工业革命》，第26页，中信出版社，2015年。
3. 曹仰锋著，《海尔转型——人人都是CEO》（修订版），中信出版社，2017年。
4.《后电商时代的新商业模式：海尔人主物联网华丽转型》。来源：环球网，2019年6月3日。https://tech.huanqiu.com/article/9CaKrnKkNnc。
5.“能效”是衡量空调耗能的一个标准，1级能效空调耗能最少，3级能效空调耗能较多。
6.《Supercell营收依旧可观但利润逐年下降 背后的原因是什么?》http://www.baijingapp.com/article/21434

7.《五款手游皆爆款，看芬兰开发商 Supercell 的“游戏经”》。来源：界面新闻，https://baijiahao.baidu.com/s?id=1628938252603382589&wfr=spider&for=pc。

8. Supercell 案例研究，2014 年，https://aws.amazon.com/cn/solutions/case-studies/supercell/。

第 4 章

1. 埃德蒙 · 费尔普斯著，余江译，《大繁荣——大众创新如何带来国家繁荣》，中信出版社，2018 年。

2. 数据由海创汇提供。根据百度百科的解释，瞪羚企业是指创业后跨过死亡谷，以科技创新或商业模式创新为支撑进入高成长期的中小企业。认定范围主要是产业领域符合国家战略新兴产业发展方向，涵盖新兴工业、新一代信息技术（含大数据、物联网与云计算、高端软件、互联网）、生物健康、人工智能、金融科技、节能环保、消费升级等领域。

3. 秦小童，《涂鸦智能携手海尔智家，打造智慧人居服务闭环》。来源：环球网，2019 年 12 月 23 日。https://scroll.huanqiu.com/article/9CaKrnKouiM。

4. 艾瑞咨询，《中国产业创新孵化器行业研究报告》，2019 年。

5. 克莱顿 · 克里斯坦森著，胡建桥译，《创新者的窘境》，中信出版社，2014 年。

6. 杨学莹、王佳声，《大企业怎样变内部创业平台》。来源:《大众日报》，2016 年 1 月 6 日。

7. 周云杰，《新动能、新平台、新机遇下的思考》，在首届海创汇全球创业创新生态峰会上的演讲，2017 年 9 月 21 日。

8. 杨学莹、王佳声，《大企业怎样变内部创业平台》。来源:《大众日报》，2016 年 1 月 6 日。

第 5 章

1. 罗伯特 · 席勒著，陆殷莉译，《叙事经济学》，中信出版社，2020 年。

2. 约瑟夫 · 派恩、詹姆斯 · 吉尔摩著，毕崇毅译，《体验经济》，机械工业出版社，

2016 年。

3. 张瑞敏,《企业永远是弱者，用户才是强者》，第三届人单合一模式国际论坛，2019 年 9 月 21 日。

4. 李华刚,《连接亿万家庭，实现生态共创！》，企鹅号 - 商业 IT 观察，2020 年 6 月 1 日，https://cloud.tencent.com/developer/news/635467。

5. 王保明,《“体验云”的生态下海尔将打造物联网生态品牌的引路者和赋能者》。中国工业新闻网，http://www.cinn.cn/gysp/202003/t20200306_225459.html。

6.《海尔：物联网生态品牌》。来源：海尔模式研究院，2020 年 6 月。www.rendanheyi.com。

7.《解析云生活：阿里工具云、华为基础云，海尔体验云》。来源：中国金融信息网，2020 年 4 月 13 日，http://www.xinhuanet.com/tech/2020-04/13/c_1125848168.htm。

8. 来源：海尔集团。https://www.haier.com/about_haier/xinwen/20200522_126222.shtml。

9.《服装界的“盒马鲜生”海尔衣联网 1 号店来了》，载于《中国战略新兴产业》，2020 年 1 月 18 日。

10. 米春艳,《打造客单价 25 万的上海 001 号店后，海尔智家为何死磕局改?》。来源:《南方都市报》，https://www.sohu.com/a/407196577_161795。

11. 刘成,《海尔开启生态品牌战略——好一片生机勃勃的“热带雨林”》。载于《经济日报》，2020 年 9 月 1 日。

12.《后电商时代的新商业模式：海尔人主物联网华丽转型》。来源：环球网，2019 年 6 月 3 日。https://tech.huanqiu.com/article/9CaKrnKkNnc。

13. 贾琼，梁海山,《向互联网转型，海尔创建生态品牌》。来源：中国家电网 2019 年 3 月 15 日。http://m.cheaa.com/n_detail/w_550463.html。

14.《海尔如何用“黑海战略”开辟全新战场?》。来源：海尔模式研究院，2020 年 08 月。https://www.rendanheyi.com。

第 6 章

1.《吃玉米导致玛雅文明灭绝》。来源:《参考消息（第 7 版）》，2019 年 7 月 6 日。

2. 王雎、曾涛，《开放式创新：基于价值创新的认知性框架》，载于《南开管理评论》，2011 年第 2 期。

3. 梁海山、魏 江、万新明，《企业技术创新能力体系变迁及其绩效影响机制——海尔开放式创新新范式》，载于《管理评论》，2018 年第 7 期。

4. 唐·泰普斯科特、威廉姆斯著，何帆、林季红译，《维基经济学》，中国青年出版社，2007 年。

5. 张瑞敏，《互联网时代的管理模式创新探索》，张瑞敏在山东青岛中欧国际工商学院 20 周年校庆系列活动之大师课堂上的演讲，2014 年 8 月 23 日。

6. 王雎、曾涛，《开放式创新：基于价值创新的认知性框架》，载于《南开管理评论》，2011 年第 2 期。

7. 梁海山、魏 江、万新明，《企业技术创新能力体系变迁及其绩效影响机制——海尔开放式创新新范式》，载于《管理评论》，2018 年第 7 期。

8. 庞丽静，《张瑞敏：建立一个生生不已的系统》。来源：经济观察网，2013 年 12 月 27 日。

9. 杨磊、刘海兵，《创新情境、吸收能力与开放式 创新共演路径——基于华为、海尔、宝洁的跨案例研究》，载于《中国科技论坛》，2020 年第 2 期。

10. 滕东晖、万新明、高俊光、赵诗雨，《用户需求 + 跨界知识：打造突破性创新产品》，载于《清华管理评论》，2019 年 1-2 期。在这篇文章中，作者对卡萨帝案例进行了描述。

11. 来源于卡萨帝官方网站：http://www.casarte.com/xwlb/20190121_45533.shtml。

12. 唐·泰普斯科特、安东尼 D. 威廉姆斯著，王姝婷译，《维基法则——互联世界的新解决方案》，机械工业出版社，2019 年。

13. 王雎、曾涛，《开放式创新：基于价值创新的认知性框架》，载于《南开管理评论》，2011 年第 2 期。

14. 菲利普·科特勒等著，王赛译，《营销 4.0——从传统到数字》，机械工业出版社，2019 年。

15. 曹仰锋、李平，《海尔：中国式堂吉诃德——张瑞敏对话詹姆斯马奇教授》，载于《哈佛商业评论》中文版，2013 年第 10 期。

16. 滕东晖、万新明、高俊光、赵诗雨，《用户需求 + 跨界知识：打造突破性创新产品》，载于《清华管理评论》，2019 年 1-2 期。
17. 梅亮，《开放式创新：昨天、今天和明天》，载于《清华管理评论》，2017 年第 6 期。
18. 梅亮，《开放式创新：昨天、今天和明天》，载于《清华管理评论》，2017 年第 6 期。
19. 唐 · 泰普斯科特、安东尼 D. 威廉姆斯著，王姝婷译，《维基法则——互联世界的新解决方案》，机械工业出版社，2019 年。
20. 吉姆 · 柯林斯、莫腾 ·T. 汉森著，陈召强译，《选择卓越》，中信出版社，2012 年。

第 7 章

1. Alvin E. Roth，The Art of Designing Markets，*Harvard Business Review*, October 2007。
2. 枫述，《除智能合约外，海尔还将利用区块链等技术打造海尔智慧家庭》，品途商业评论，2018 年 5 月 7 日。来源：https://www.pintu360.com/a52187.html。
3. 董兴荣、李菲，《海尔集团：物联网时代的共享平台和智能财务》。来源：《财资中国》，2018 年 8 月 28 日。
4. 曹仰锋著，《海尔转型——人人都是 CEO》（修订版），中信出版社，2017 年。
5. 谭丽霞，《用管理会计自我颠覆》，在第 19 届世界会计师大会（WCOA）上的演讲，2014 年 11 月。
6.《彭剑锋对话张瑞敏：如何构建股东、员工、客户的价值生态》，载于《洞察》，总第 35 期，华夏基石出版。
7. 谭丽霞，《用管理会计自我颠覆》，在第 19 届世界会计师大会（WCOA）上的演讲，2014 年 11 月。
8.《彭剑锋对话张瑞敏：如何构建股东、员工、客户的价值生态》，载于《洞察》，总第 35 期，华夏基石出版。

第8章

1. 张瑞敏，《熟知并非真知》，在山东省工业互联网专题报告会的主题演讲，2020年6月8日。
2. 肖芳，《房车企业跨市上“云”记》，载于《大众日报》，2020年6月11日。
3. 曹仰锋，《海尔COSMOPlat平台：赋能生态》，载于《清华管理评论》，2018年第11期。
4. 此图片来源于海尔，经授权使用。

第9章

1. 吴思、李大巍，《埃里克·马斯金：机制设计与中国经济改革》，载于《中国经济报告》，https://www.sohu.com/a/126285191_485176。
2. 张瑞敏，《创新发展模式打造全球化品牌》，2005年10月29日张瑞敏在（中外管理）官产学峰会的主题演讲。
3. 张瑞敏，《创新发展模式打造全球化品牌》，2005年10月29日张瑞敏在（中外管理）官产学峰会的主题演讲。
4. 张瑞敏，《人单合一2.0是对传统的颠覆》，在人单合一双赢模式探索十周年暨第二届海尔商业模式创新全球论坛上的演讲，2015年9月19日。
5. 张瑞敏，《人单合一2.0是对传统的颠覆》，在人单合一双赢模式探索十周年暨第二届海尔商业模式创新全球论坛上的演讲，2015年9月19日。
6. 张瑞敏，《人是目的，有生于无》。张瑞敏在庆祝海尔集团创业35周年大会上的讲话，2019年12月26日。
7. 张瑞敏，《人是目的，有生于无》。张瑞敏在庆祝海尔集团创业35周年大会上的讲话，2019年12月26日。
8. 曹仰锋著，《海尔转型——人人都是CEO》（修订版），中信出版社，2017年。
9. 杨冉冉，《海尔探索创客制激发全员活力》。来源：网易新闻，http://news.163.com/18/0802/14/DO7A5NPK000189DG.html。

10. 张磊著,《价值——我对投资的思考》，中信出版社，2020年。
11. 张瑞敏,《人是目的 有生于无》。在庆祝海尔集团创业35周年大会上的讲话，2019年12月26日。
12. 海尔模式研究院，www.rendanheyi.com。
13. 张瑞敏在海尔第三届《人单合一》国际论坛上的讲话，2019年9月21日。

第10章

1.《海尔模式研究院：海尔人单合一计分卡》，http://www.rendanheyi.com/research/detail?id=28。
2. 凯度集团和海尔集团联合发布的《物联网生态品牌白皮书》，2020年9月20日。
3. 张瑞敏为《物联网生态品牌白皮书》写的卷首语，2020年9月20日。
4.《海尔模式研究院：海尔人单合一计分卡》，http://www.rendanheyi.com/research/detail?id=28。
5. 曹仰锋著,《海尔转型——人人都是CEO》(修订版)，中信出版社，2017年。
6. Kip Krumwiede、Raef Lawson、Lucy Luo，海尔共赢增值表，美国管理会计师协会,《战略财务》，2019年3月。
7.《不知道自己用户是谁的人是冗员，不能为用户增值的人是零价值的员工》，载于《海尔人》报，2011年3月30日，总第981期。
8. 让·梯若尔著，张昕竹、马源译,《共同利益经济学》，商务印书馆，2020年。
9. 赵晶、张洋、李雯宁,《让·梯若尔对新规制经济学的贡献》，载于《经济学动态》，2014年第12期。
10.《海尔模式研究院：走进诺贝尔经济学奖获得者之奥利弗·哈特》，www.rendanheyi.com。
11. 任弘道,《人单合一的本质是解放人性》，载于《海尔人》，总第1408期，2019年7月17日。

第11章

1. 来自海尔生物招股说明书。
2. 曹仰锋，《竞争战略：从产品价值到场景价值》，载于《清华管理评论》，2020年第1-2期。
3. 阿林多·奥利维拉著，胡小锐译，《数字思维》，中信出版社，2020年。
4. 吴军著，《智能时代——大数据与智能革命重新定义未来》，中信出版社，2016年。
5. 刘长林著，《中国系统思维》，社会科学文献出版社，2008年。
6. 《彭剑锋对话张瑞敏：如何构建股东、员工、客户的价值生态》，载于《洞察》，总第35期，华夏基石出版。
7. 《海尔模式研究院：走进经济学家之布莱恩·阿瑟》，www.rendanheyi.com。
8. 徐少春，《构建企业数字战斗力的3个关键因素》，来源：徐少春个人微信公众号。
9. 《海尔模式研究院：走进经济学家之布莱恩·阿瑟》，www.rendanheyi.com。
10. 曾鸣著，《智能商业》，中信出版社，2018年。
11. 曹仰锋，《产业互联网，重塑管理》，载于《企业管理》，2020年第1期。
12. 吉姆·保罗、布伦丹·莫伊尼汉著，陈重亨译，《止损——如何克服贪婪和恐惧》，格致出版社、上海人民出版社，2016年。

第12章

1. 约翰·科特著，王雯潇译，《变革的力量》，中信出版社，2019年。
2. 凯度集团和海尔集团联合发布的《2020物联网生态品牌白皮书》，2020年9月20日。
3. 《华为推进TECH4ALL数字包容计划：5年再惠及5亿人》。来源：网易科技新闻，https://tech.163.com/19/0918/14/EPC648G800097U7S.html。
4. Hamel Gary, Zanini, Michele, Humanocracy: creating organizations as amazing as the people inside them, Harvard Business Review Press, 2020.
5. 约翰·科特著，王雯潇译，《变革的力量》，中信出版社，2019年。

6.《海尔模式研究院：走进经济学家之布莱恩 · 阿瑟》，www.rendanheyi.com。

7.《阿里 CEO 张勇：绝望中都是机会，冲动中都是陷阱》。来源：虎嗅 APP，https://view.inews.qq.com/a/20200105A0DUCL00?tbkt=G&uid=1098538214&refer=wx_hot。

8.《阿里 CEO 张勇：绝望中都是机会，冲动中都是陷阱》。来源：虎嗅 APP，https://view.inews.qq.com/a/20200105A0DUCL00?tbkt=G&uid=1098538214&refer=wx_hot。

9. 张瑞敏，《人单合一 2.0 是对传统的颠覆》。张瑞敏在“人单合一”双赢模式探索十周年暨第二届海尔商业模式创新全球论坛上的演讲，2015 年 9 月 19 日。

10. 马浩著，《战略的悖论——拆解与整合》，北京大学出版社，2019 年。

11. 玛格丽特 · 惠特利著，简学译，《领导力与新科学》，中国人民大学出版社，2008 年。

12. 庄文静，《IBM：疫情下的数字化转型，戳中了中国企业的四个痛点》，载于《中外管理杂志社》，2020 年 10 月 12 日。

13. 周琪，《对话张瑞敏：算法在这个时代被滥用了》，载于《中欧商业评论》，2020 年 9 月 21 日。

14. Hamel Gary, Zanini, Michele, Humanocracy: creating organizations as amazing as the people inside them, Harvard Business Review Press, 2020.

15. 周琪，《对话张瑞敏：算法在这个时代被滥用了》，载于《中欧商业评论》，2020 年 9 月 21 日。